"十四五"职业教育国家规划教材

智慧健康养老服务与管理专业

老年人

LAONIANREN
HUODONG CEHUA
YU ZUZHI

活动策划与组织

（第2版）

主　编◎张沙骆

参　编◎陈美玲　蒋　玲　李　安

　　　　刘隽铭　潘国庆　彭博文

　　　　彭凤萍　唐新邵　王丽花

北京师范大学出版集团
BEIJING NORMAL UNIVERSITY PUBLISHING GROUP
北京师范大学出版社

图书在版编目(CIP)数据

老年人活动策划与组织 / 张沙骆主编. —2版. —北京：北京师范
大学出版社，2021.11(2024.8重印)
ISBN 978-7-303-27115-3

Ⅰ. ①老… Ⅱ. ①张… Ⅲ. ①老年人－活动－组织管理学－职
业教育－教材 Ⅳ. ①C936

中国版本图书馆 CIP 数据核字(2021)第 139774 号

图 书 意 见 反 馈　zhijiao@bnupg.com
营 销 中 心 电 话　\ 010-58802755　58800035
编 辑 部 电 话　010-58808077

出版发行：北京师范大学出版社　www.bnupg.com
　　　　　北京市西城区新街口外大街 12-3 号
　　　　　邮政编码：100088
印　　刷：唐山市润丰印务有限公司
经　　销：全国新华书店
开　　本：787 mm×1092 mm　1/16
印　　张：17.25
字　　数：425 千字
版　　次：2021 年 11 月第 2 版
印　　次：2024 年 8 月第 18 次印刷
定　　价：43.80 元

策划编辑：易　新　　　　　责任编辑：肖　寒
美术编辑：焦　丽　　　　　装帧设计：焦　丽
责任校对：陈　民　　　　　责任印制：陈　涛　赵　龙

前　言

当人类迈入 21 世纪，银发浪潮也随之到来。老龄化社会给世界各国带来了新的挑战。与此同时，我国面临着比其他国家更复杂的现实、更巨大的压力和更多样的选择。我国要完善制度、改进工作，推动养老事业多元化、多样化发展，让所有老年人都能老有所养、老有所依、老有所乐、老有所安。

人到老年期会因生理衰老而产生一系列变化，这些变化可以归纳为四个丧失，即身心健康的丧失，经济上独立的丧失，家庭、社会角色的丧失，生存目的的丧失。这些丧失打破了老年主体与社会环境之间的平衡，使老年人产生一系列的社会适应问题，如对生理衰老的适应，对社会角色的适应，对家庭角色适应和对消极生活事件的适应等。怎样重建老年主体与社会环境的平衡，促进老年人全方位的社会适应呢？老年活动可作为方法之一，能满足老年群体更高精神层面的需求，使其安享晚年。

在活动策划领域，目前有许多大学生都在为将来立足于活动策划领域而学习营销、公关、商务、传播等学科，因为成功地举办活动及策略地利用活动对自己或者所服务的机构有着深远的意义。但关于老年活动策划的相关资料和书籍极少。

本书经过数年的积累，在积极借鉴和吸取先进的活动策划与组织的理念、观点和方法的基础之上成书。作为一门适应性极强的课程所用教材，本书以教育部对职业教育教学要求为依据，以案例为依托，以促进工学结合及实施"教、学、做"一体的教学模式，培养学生的老年活动策划与组织的实操能力为目标进行编写。

本书将老年和活动策划融为一体，采用项目管理方法构建本书的框架体系，引用大量活动案例来阐释如何进行老年活动策划与组织，力求使本书具有开拓性、系统性和应用性。本书分为上篇和下篇两大部分，上篇从认识老年人、认识老年人活动、了解老年人活动策划与组织三个项目进行理论阐述。下篇根据活动的形式，将老年人活动分为六类，即老年人学习类活动、老年人竞赛类活动、老年人观赏类活动、老年人展示类活动、老年人茶话会类活动、老年人外出类活动。在每个分类中，再进一步进行划分。每一类活动都有组织实操介绍、策划分享、经验分享等，全方位地让同学们学习老年人活动策划与组织。

　　本书由长沙民政职业技术学院张沙骆担任主编。其中上篇项目一由潘国庆撰写，项目二由彭凤萍撰写，项目三由张沙骆和刘隽铭撰写；下篇项目四由王丽花撰写，项目五由唐新邵撰写，项目六由陈美玲撰写，项目七由李安撰写，项目八由彭博文撰写，项目九由蒋玲撰写。

　　由于作者水平有限，书中难免有疏漏之处，希望广大读者不吝指正，提出宝贵的建议，使本书得到修正和完善。

张沙骆

目　录

下篇技能篇

上 篇

基础篇

项目一 认识老年人

 项目情景聚焦

随着社会老龄化的日益加剧，中国的老年人越来越多，所占人口比例也越来越大。在老年期这样一个特殊年龄阶段，老年人在生理、心理和社会适应等方面都会出现较大的变化。

 项目目标

通过学习本项目内容，同学们要达成以下目标。

1. 熟悉老年人的形态变化。

2. 熟悉老年人主要器官功能的老化情况。

3. 熟悉老年人常见心理问题。

4. 了解老年人的社会适应特点。

任务一

了解老年人的生理特点

 任务目标

知识目标

1. 熟悉老年人的形态变化。
2. 熟悉老年人主要器官功能的老化情况。

技能目标

根据老年人的生理特点掌握开展老年人活动的注意事项。

 **任务分解**

子任务一 认识老年期的形态变化

老年期的典型特征就是"老"，即老化、衰老。人的老化首先是从生理方面开始的。这种生理特征的变化不仅体现在老年人的外观形态上，还反映在人体内部的细胞、组织和器官以及身体各功能系统的变化上。

一、细胞的变化

细胞的变化是人体衰老的基础，主要表现为细胞数量的逐步减少。人体细胞有 40 万亿至 60 万亿个，一般来说，每秒会死亡 50 万个，同时再生 50 万个。如此反复两年多，人体的细胞差不多更换一新。随着年龄的增长，再生细胞数越来越少，而死亡数则越来越多，最终导致细胞整体数量的下降。

日本学者长期研究认为，细胞数的下降是导致衰老的主要原因。据研究测定，男性在 40 岁以后、女性在 20 岁以后细胞数就开始缓慢减少，70 岁以后急剧下降。除此以外，还会出现细胞分裂、细胞生长及组织恢复能力降低、细胞萎缩等现象。

二、组织和器官的变化

由于内脏器官和组织的细胞数减少，脏器发生萎缩，重量减轻。据估计，70岁老年人的肺、肾、脑和肌肉的细胞数大致相当于20岁年轻人的60%，70岁老年人的脾脏和淋巴结的重量为中年人的一半。器官在长期活动中的消耗和劳损也引起了功能衰退。例如，心脏每时每刻都在不停地跳动，日久天长，就会使心脏的弹性减弱，心肌发生萎缩，功能不断衰退。

三、整体外观的变化

随着年龄的增长，体态和外形也逐渐出现变化，见表1-1。

老年人整体
外观变化

表1-1　老年人整体外观表现

项目	内容
毛发	老年人因黑色素合成障碍导致毛发及胡须变白，这是一种老年期最明显特征。同时因皮下血管发生营养不良性改变，毛发髓质和角质退化可导致毛发变细及脱发，因此很多老年人会出现脱发甚至秃顶等情况。
皮肤	老年人皮下脂肪减少，细胞内水分减少，导致皮肤出现皱褶，弹性减弱，变得粗糙。同时会出现老年疣、老年性色素斑等。
身高	人到老年时，身高逐渐变矮。据统计，从30岁到90岁，男性身高平均降低2.25%，女性身高平均降低2.5%。伴随这一变化，老年人会出现弯腰驼背等体征。
体重	老年人体重的变化因人而异，有些人随年龄增大而逐渐减轻，变得消瘦，这是因为老年人的细胞内的液体含量比年轻人减少30%～40%；但也有老年人体重逐渐增加，这是因为脂肪代谢功能减退导致脂肪沉积增加，尤其是在更年期内分泌功能发生退化以后更为显著。
其他	肌肉松弛、牙齿松动脱落、语言缓慢、耳聋眼花、手指发抖等也是我们常见的老年人特征。

需要指出的是，上述这些变化的个体差异很大，它与一个人的健康状况、生活方式、营养条件、精神状态和意外事件等因素都有密切关系。例如，"一夜白头"就是指人在遭受重大精神创伤后，在短期内头发变白，皮肤皱纹增多，显出老态。

当然，毛发的变白和脱落程度往往也和家族遗传有关。此外，长期患有慢性病的人也可能发生未老先衰的现象，这些和年龄不相应的老化现象是一种病理现象，不是自然的生理现象。

子任务二　了解老年人器官的老化情况

在老化过程中，生理功能的衰退也同样存在个体差异，而且，同一个体的各个器官功能的衰退情况也不尽相同。总的说来，机体的生理功能随年龄增长而发生的变化是有规律的，各个组织、器官系统将会出现一系列慢性退行性的衰老变化，并呈现出各自的特点。下面按照人体的功能系统，简单介绍老年人主要器官功能的老化情况。

一、心血管系统

心血管系统包括心脏和血管。

心脏方面，随着老化进程，心肌会逐渐萎缩发生纤维样变化，心脏变得肥厚硬化，弹性降低，这些变化使得心脏收缩能力减弱，到 80 岁时功能减退约 35％。输送到各器官的血流量也就减少了，供血不足则会影响各器官功能。心脏冠状动脉的生理性和病理性硬化，使心肌本身血流减少，对心肌功能产生影响，甚至出现心绞痛等心肌供血不足的临床症状。

血管也会随着年龄的增长发生一系列变化。50 岁以后血管壁生理性硬化渐趋明显，管壁弹性减退，而且许多老年人伴有血管壁脂质沉积，使血管壁弹性更趋下降、脆性增加。这一结果使老年人血管对血压的调节作用下降，血管外周阻力增大，使血压升高；脏器组织中毛细血管的有效数量减少及阻力增大，使组织血流量减少，易发生组织器官的营养障碍；血管脆性增加，血流速度减慢，使老年人发生心血管意外的机会明显增加。随着年龄增长，动脉弹性降低，动脉硬化逐渐加重，从而使机体主要器官——心、脑、肾的血管对该器官的供血不足，导致功能障碍。

如果是冠状动脉硬化，供给心肌的血液不足时，就可能会引发冠心病，其主要表现是心绞痛、心律失常或心肌梗死等。

二、呼吸系统

呼吸系统主要包括呼吸道、肺脏和参与呼吸运动的肌肉与骨骼。

一方面，老年人的肺泡总数逐年减少，肺的柔软性和弹性减弱，膨胀和回缩能力降低。另一方面，老年人出现骨质疏松，脊柱后突，肋骨前突，胸腔形成筒状变形，加上呼吸肌力量的衰弱，限制了肺的呼吸运动，造成肺通气不畅，肺活量下降，一般人到70岁时，肺活量会减少25%。

老年人的呼吸功能明显退化。由于呼吸肌及胸廓骨骼、韧带萎缩，肺泡弹性下降，气管及支气管弹性下降，常易发生肺泡扩大而出现肺气肿，使肺活量及肺通气量明显下降。肺泡数量减少，使得有效气体交换面积减少，静脉血在肺部氧气更新和二氧化碳排出效率下降。血流速度减慢，毛细血管数量减少，组织细胞功能减退及膜通透性的改变，使细胞呼吸作用下降，对氧的利用率也随之下降。因而容易发生肺气肿和呼吸道并发症，如老年慢性支气管炎等。

三、消化系统

消化系统包括口腔和胃肠(表1-2)。

表1-2　消化系统功能变化

器官	功能变化
牙齿	老年人牙齿组织老化，牙龈萎缩，常因牙周病、龋齿、牙齿的萎缩性变化，出现牙齿脱落或明显的磨损，使牙齿对食物的咀嚼能力下降，碎食不全，以致影响对食物的咀嚼和消化。
舌	舌肌萎缩、体积减小，运动能力减弱，使食物咀嚼时难以搅拌均匀。舌乳头上的味蕾数目减少，使味觉敏感性下降，以致影响食欲。
口腔	口腔腺体萎缩导致唾液分泌减少，唾液稀薄、淀粉酶含量降低。
食管	食管退化，食物在食管内的蠕动幅度减小而使吞咽缓慢。
胃	消化酶分泌的减少，导致消化能力减弱，引起消化不良，因此老年人易患胃炎。据统计，60岁以上老年人约1/3胃酸偏低或无胃酸。胃液量和胃酸度下降，胃蛋白酶不足，不仅影响食物消化，而且是引起老年人缺铁性贫血的原因之一；胰蛋白酶、脂肪酶、淀粉酶分泌减少、活性下降，对食物消化能力明显减退。
肠道	肠道萎缩使其对食物的消化吸收功能减退、蠕动无力，导致消化不良及便秘。

四、泌尿系统

肾脏萎缩变小，肾血流量减少，肾小球滤过率及肾小管重吸收能力下降，导致肾功能衰退。加上膀胱逼尿肌萎缩，括约肌松弛，老年人常有多尿现象。

五、生殖系统

性激素的分泌自 40 岁以后逐渐降低,性功能减退。老年男性前列腺多有增生性改变,因前列腺肥大可致排尿发生困难。女性 45～55 岁可出现绝经,卵巢停止排卵。

六、运动系统

运动系统包括骨骼、关节和肌肉(表 1-3)。

表 1-3　运动系统功能变化

器官	功能变化
骨骼	随着年龄增加,骨骼中无机盐含量增加,而钙含量减少;骨骼的弹性和韧性减低,脆性增加。故老年人易出现骨质疏松症,极易发生骨折。
关节	由于关节面上的软骨退化,还易出现骨质增生、关节炎等疾病。
肌肉	随着年龄增大,肌肉弹性降低,收缩力减弱,肌肉变得松弛。因而老年人会耐力减退,难以坚持长时间的运动。

七、内分泌系统

内分泌系统包括脑垂体、甲状腺、肾上腺、性腺和胰岛等内分泌组织。

老年人内分泌器官的重量随年龄增加而减少。一般到高龄时,脑垂体的重量会减轻,供血也相应减少。同时,内分泌腺体发生组织结构的改变,尤其是肾上腺、甲状腺、性腺、胰岛等激素分泌量减少,可引起不同程度的内分泌系统的紊乱。例如,胰岛素分泌量的减少使老年人易患上糖尿病,性腺萎缩常导致老年人更年期综合征出现。

老年人内分泌机能下降,机体代谢活动减弱,生物转化过程减慢,解毒能力下降,机体免疫功能减退,易患感染性疾病。

八、神经系统

神经系统包括中枢神经系统和周围神经系统。

进入老年期后,人的大脑逐渐萎缩,脑重量减轻,神经细胞数量逐渐减少。普通人的脑细胞数自 30 岁以后呈减少趋势，60 岁以上减少尤其显著，到 75 岁以上时可降至年轻时的 60% 左右。老年人易患脑动脉硬化，其血流量可减少近 1/5。另外，老年人神经传导功能下降，对刺激的反应时间延长，大多数感觉减退、迟钝甚至消失。这些改变标志着老年人的脑力劳动能力减弱，只能从事节律较慢的活动、负荷较轻的工作。由于神经中枢机能衰退，脑血管硬化，脑血流阻力加大，氧及营养素的利用率下降，致使脑功能逐渐衰退并出现某些神经系统症状，老年人变得容易疲劳、睡眠欠佳、睡眠时间减少、记忆力减退、健忘、失眠，甚至产生情绪变化或出现某些精神症状。此外，由于脑功能失调而出现的智力衰退还易引发失智症。

老年人感官系统功能变化

　　神经系统的感觉功能十分重要。感官系统功能主要包括视觉、听觉、味觉、嗅觉、皮肤感觉等（表 1-4）。

表 1-4　感官系统功能变化

项目	内容
视觉	老年人会出现不同程度的视力障碍。因晶状体弹力下降，睫状肌调节能力减退，老年人多会出现老花眼，近距离视物模糊。此外，还会出现视野狭窄、对光亮度的辨别力下降以及老年性白内障等。
听觉	老年人对声音的感受性和敏感性持续下降，表现出生理性的听力减退甚至耳聋。
味觉	舌面上的味蕾数量逐渐减少，使得老年人味觉迟钝，常常感到饮食无味。
嗅觉	老年人鼻内感觉细胞逐渐衰竭，导致嗅觉变得不灵敏，而且对从鼻孔吸入的冷空气的加热能力减弱，因此老年人容易对冷空气过敏或患上伤风感冒。
皮肤感觉	皮肤感觉包括触觉、温度觉和痛觉。由于皮肤内的细胞退化，老年人的触觉和温度觉减退，容易造成烫伤或冻伤。另外，痛觉也会变得相对迟钝，以致难以及时躲避伤害性刺激的危害。
其他	老年人本体感觉敏感性差，另外维持身体平衡的器官也出现功能减退，容易因失去平衡或姿势不协调而摔跤，造成意外事故。

　　总之，所有以上变化都标志着老年人感官系统的老化，各种感觉能力和功能的衰退，他们对外界各种刺激往往表现出感受性较弱、反应迟钝等状况。

 **实践训练**

　　如果你要在养老机构组织一场活动，请谈谈考虑到老年人的生理特点应如何设计活动。

任务二

熟悉老年人的心理特点

任务目标

知识目标

1. 熟悉老年人的心理特征。
2. 熟悉老年人常见心理问题。

技能目标

根据老年人的心理特点掌握开展老年人活动的注意事项。

任务分解

子任务一　认知老年人心理特征

人到老年，因身心发生种种退行性变化，会产生诸多不同于其他年龄阶段的心理卫生问题。老年人的心理健康状况体现其生活适应能力，是与其生活质量优劣显著相关的重要因素，维护和促进老年人心理健康对健康老龄化意义重大。

老年人心理特征包括以下几个方面。

一、老年人的认知功能变化

步入老年期之后，人的视、听觉敏锐度逐渐下降，学习速度明显变缓，注意力不集中，记忆易出现干扰或抑制。这些都会影响老年人的日常生活，造成心理困扰，产生挫折感或失败感，并且有可能导致抑郁、焦虑、愤怒等负性情绪的出现。从心理健康的角度来说，老年人应勇于面对现实，这有助于维护身心健康，努力从生活的其他层面获取满足感，也有利于避免悲观、焦虑情绪的产生。老年人认知功能的下降不是全面的，可以采取适宜的应对措施来补偿或维护已有的功能。例如，老年人学习新事物相对较慢，但他们的理解概括能力及对常识的掌握均保持得较好，因而可通过加强与既往经验的比较，在理解的基础上反复加深记忆，可收到较好的效果。

二、老年人的情感特点

情绪与情感是人对客观事物的态度体验，有积极与消极之分。老年人积极的情绪情感包括愉快感、自尊感等；而常发生的消极情绪包括紧张害怕、孤独感、无用失落感以及抑郁等。不可否认的是，老年期是负性生活事件的多发阶段，随着生理功能的逐渐老化，以及丧偶、子女离家、好友病故等负性生活事件的冲击，老年人经常会产生消极的情绪。因此，面对现实，安排好晚年生活，保持美好与充实的情感生活是提高生活质量的重要方面。从客观的角度来说，情感慰藉与心理支持对于老年人来说十分重要。研究表明，与家庭成员的沟通状况，以及与朋友交往的满意度是反映老年人获取情感慰藉程度的代表性指标；老年人在社会环境中受尊重、被理解、被接纳、被支持的情感体验和满意程度，则是心理支持程度的重要体现。当然，更为重要的是老年人自身的心理调适能力，首先，应保持积极的生活态度、平和的处世心态、乐观豁达的心境；其次，不断自我观察反省，并合理地借助外界帮助，也是增强心理调适能力的有效手段。

三、老年人的动机和需求

根据马斯洛的需求层次学说，人有五个层次的需求，老年期各种层次的需求又有其独特的内涵。老年人的安全需求表现为对养老保障、患病就医、社会治安以及合法权益受侵害等问题的极大关注。另外，老年人希望从家庭和社会获得更多精神上的关怀，尽管老年人的社会角色与社会地位有所改变，但他们对于尊重的需求并未减退，要求社会能承认他们的价值。为使自己的价值在生活中得到充分体现，老年人还有一定程度自我实现的需求。有研究表明，日常生活技能高的老年人有更强的自我价值感，更强的自信心与自尊心，心理健康程度及生活质量也相对较高。因此，加强日常生活技能的训练，增强生活独立性与自主性，是满足老年人各种心理需求的基础。另外，避免社会退缩的不良行为，积极与他人交往，主动为社会发挥余热，都能使老年人从中体验到归属感与成就感，并提升自尊感。

四、老年人的小心谨慎

老年人在做一件事情时，往往比较重视完成任务的准确性，即比较注意避免犯错误，而对完成任务所花时间的长短并不是很在意。生活中，老年人常常嫌年轻人做事毛手毛脚，不够踏实认真。老年人表现在行动上的另一种小心谨慎就是做事稳扎稳打，轻易不愿冒风险。

五、老年人的"固执"

性格是一个人对自己、对别人、对周围的社会生活环境所持的一种态度和行为方式，是心理特征的一种稳定表现。进入老年期后，人的活动能力和生理机能就开始逐渐衰退。许多在年轻时意气风发、活泼向上的人，进入老年期之后就变得低沉、缓慢和淡漠。此外，老年人由于一生经历众多，经验丰富，其性格特点也就更为突出。随着时间的推移和个人思想的逐渐成熟，老年人的世界观、人生观和价值观都逐渐成形，有了自己独特的为人处世的模式。那些不了解老年人身心特点和个性特点的人就会感到老年人是越来越冥顽不化和固执己见了。

对于个性较为固执的老年人，有一种心理技巧和策略可以试一试，那就是"低球技术"。其具体做法如下：先提出一个较小的要求，待老年人接受了之后，接着再提出一个较大的要求，这个要求需要老年人付出比第一个要求更多的物质和精神代价。心理学的研究表明：使用"低球技术"比直接提出那个较高的要求要更容易，并且容易为老年人接受。

六、老年人的"唠叨"

俗话说：树老根多，人老话多。人一旦上了年纪，说话就开始重复，一件小事也会唠叨不停，对自己的想法和观点更是深信不疑，不屈从别人。老年人由于生理衰老，开始显得精力不够充沛，许多事情自己不能直接参与，或者无法再像年轻时那样从容潇洒地做事。因此，他们只好通过说话来表达自己内心的想法和情绪，这样他们才会觉得心理平衡。同时由于自尊心的作用，老年人对于自己的态度和观点都会进行坚决维护，也就是心理学上说的自我防卫。这个时候，老年人为了排除寂寞，也会借助重复的语言为自己的生活增添一些热闹。老年人津津乐道自己的陈年往事，自己以前取得的成绩，都是为了能得到一点心灵上的慰藉。

七、老年人的"怀旧情绪"

古语说得好：树高千尺，落叶归根。人到老年，不再像年轻时那样憧憬未来，而是开始对自己几十年走过的路进行回味和自我评价，说的话和做的事都带着浓厚的怀旧色彩。由于退休后突然之间就失去了生活奋斗的目标，生活节奏也骤然放慢，老年人的心态渐渐地进入到了一种宁静的停滞状态。

在心理上，老年人不太可能再获得新的、重大的成就和自豪感的满足，于是就转而进行自我心理平衡的维护，这就需要不断回忆和谈论自己一生中所取得的那些成就和荣誉。对于那些背井离乡在外生活了半辈子的老年人来说，只有对故乡和往事的怀念才是自己晚年生活中最美丽而又富有诗意的精彩篇章。儿时的朋友和玩伴，甚至家乡的饭菜，老家门口的一棵枣树，儿时玩的一种游戏等，都会引起老年人强烈的怀旧情绪。

许多老年人还会觉得和他们同辈的人相处更舒服，特别是和幼年一起长大的同伴相处，他们会觉得更为亲切，因为他们之间有更多的共同语言、共同回忆。

八、老年人的"返老还童"

有的老年人，虽然已年过古稀，生理机能日渐衰退，体力也大不如前，从外表看来已经是一个典型的老年人形象了，然而他们的内心和言行举止却表现得像一个不谙世事的小孩，如《射雕英雄传》中的老顽童周伯通一样。这些老年人与那些承认自己已经衰老的老年人不一样，他们的性格随着年龄的变大反而越来越幼稚，时常表现出与实际的生理年龄不相称的语言和行为。如在自己的亲戚、朋友面前不拘小节，蛮不讲理；对生活中的事物表现出前所未有的兴趣和好奇心；经常主动要求别人的照顾和关怀；总是要求老伴或子女陪在身边；挑剔饮食等。

其实，老年人小孩化并不是什么坏现象，这种现象的出现不仅有其科学道理，而且老年人的这种变化对其身心健康是有利的。此外，心理学家发现，儿童智力玩具也同样适用于老年人，因为老年人在玩玩具时，可以通过积极思考使大脑得到运用。

九、老年人的依赖心理

许多老年人并不希望自己成为子女的负担，这是他们的肺腑之言。他们希望自己在家庭中的角色和地位不会受到挑战，他们希望自己在家庭中依然能发挥一家之主的作用，最起码应该受到别人的重视和注意。他们希望自己无论在经济上、情感上，还是在生活方面，都是一个独立的自我。

在老年人的老化过程中，有三种典型的依赖。

1. 经济上的依赖

老年人不再是家庭中的主要收入者，而必须依赖退休金与社会救济金或者是社会福利、家庭赠予，此时，老年人便产生了经济依赖性。

2. 生理上的依赖

生理上的依赖产生于老年人的身体功能逐渐衰退，不再能进行必要的活动，如散步、逛街购物、走亲访友等。

3. 社交上的依赖

社交上的依赖产生于当老年人失去了在他生活中具有重要意义的那些人时，这种情况使得老年人降低了对社会的认识，削弱了个人的力量，并且限制了老年人的社会活动范围。

子任务二　了解老年人常见心理问题

一、老年期心理问题成因

一般而言，一个人在进入老年期后，大致都要经历四个阶段，即角色转换阶段、适应阶段、重新计划人生阶段和稳定阶段。老年人在经历这四个阶段的过程中，由于生理的逐渐老化，便容易出现一些心理问题。老年人出现心理问题的主要原因有以下两个方面。

1. 社会角色的转变导致的心理不适

老年人退休后一般需要经过四个阶段才能稳定下来。第一个阶段是期待期。自愿退休或是急切盼望退休的老年人常常以积极乐观的态度等待退休，他们大多已经在工作中获得了满足，实现了自我价值或是厌倦了工作，因而他们能够心平气和地接受退休；而不愿意退休者的心理则十分矛盾，他们往往担心因丧失工作导致社会地位的改变而失去现有的一切。第二个阶段是退休期，也就是正式退休那一天。有的老年人想到退休后的生活十分可怕，"天天无所事事，人生还有什么意义啊"；而有的老年人却按捺不住内心的喜悦，想着"终于可以出门转转了，是先去北京还是先去重庆"，幸福之情溢于言表。第三个阶段是适应期。从一个熟悉的工作环境中退到家庭这样一个小圈子里，生活内容和生活节律及自己所扮演的角色和地位都有很大的不同。这时，老年人就会感到无所事事，无所适从，产生了烦躁、焦虑、抑郁等情绪。第四个阶段是稳定期。老年人在心理经历了一段时间的痛苦挣扎后，认识到由于种种原因自己目前状况不可能得到改变，于是渐渐习惯，把注意力转移到家庭圈子里，或是寻找人生的第二个别样的春天。

2. 衰老、疾病导致的心理不适

首先，随着年龄的增长，老年人视力下降、听觉迟钝、动作反应缓慢、与社会接触减少，所有这些衰老变化都有可能引起老年人情绪上的焦虑、抑郁和孤独感。其次，疾病对老年人心理的影响。有的疾病能直接影响老年人的心理机能。如患脑动脉硬化症，由于脑组织供血不足，会引起老年人记忆减退，严重的会引起阿尔兹海默症。有些高血压、冠心病等患者常出现心情急躁不安。有些老年人由于长期患病，甚至卧床不起，生活不能自

小贴士

要预防和治疗离退休综合征，老年人就应该努力适应离退休所带来的各种变化，即实现离退休社会角色的转换。通常有以下几种方法：

1. 调整心态，顺应规律。
2. 发挥余热，重归社会。
3. 善于学习，渴求新知。
4. 培养爱好，寄托精神。
5. 扩大社交，排解寂寞。
6. 生活自律，保健身体。
7. 必要的药物和心理治疗。

理，自觉成为了他人的累赘，心情焦虑、抑郁等。

二、老年人典型的心理问题

进入老年期后，由于身体和社会的原因，老年人在心理方面也出现一些典型的问题，主要包括：

1. 离退休综合征

离退休综合征是指老年人由于离退休后不能适应新的社会角色、生活环境和生活方式的变化而出现的焦虑、抑郁、悲哀、恐惧等消极情绪，或因此产生偏离常态的行为的一种适应性的心理障碍，这种心理障碍往往还会引发其他生理疾病，影响身体健康。离退休是生活中的一次重大变动，因此，当事人在生活内容、生活节奏、社会地位、人际交往等各个方面都会发生很大变化（表1-5）。

表1-5　离退休综合征的主要表现

项　目	内　容
无力感	许多老年人不愿离开工作岗位，认为自己还有工作能力，但是社会要新陈代谢，必须让位给年青一代，离退休对于老年人实际上是一种牺牲。面对"岁月不饶人"的现实，老年人常感无奈和无力。
无用感	在离退休前，一些人事业有成，受人尊敬，掌声、喝彩、赞扬不断，一旦退休，一切化为乌有，退休成了"失败"，由有用转为无用，如此反差，老年人心理上便会产生巨大的失落感。
无助感	离退休后，老年人离开了原有的社会圈子，社交范围狭窄了，朋友变少了，孤独感油然而生，要适应新的生活往往使老年人感到不安、无助和无所适从。
无望感	无力感、无用感和无助感都容易导致离退休后的老年人产生无望感，对于未来感到失望甚至绝望。加上身体的逐渐老化，疾病的不断增多，有的老年人简直觉得已经走到生命的尽头，油尽灯枯了。

2. 老年抑郁症

首次发病年龄在55岁以上的抑郁症患者为老年抑郁症患者，有着诸多老年期的特点。老年抑郁症在临床上常见为轻度抑郁，其危害性不容忽视，如不及时诊治，会造成老年人生活质量下降、增加心身疾病（如心脑血管病）的患病风险和死亡风险等严重后果。典型抑郁发作表现为情绪低落、思维迟缓及言语活动减少等。老年抑郁发作的临床症状常不太典型，与青壮年期患者存在一些差别，认知功能损害和躯体不适的情况较为多见。主要表现有以下几种。

(1)情感低落。

情感低落是抑郁症的核心症状。主要表现为持久的情绪低落，患者常闷闷不乐、郁郁寡欢、度日如年；既往的兴趣爱好也觉得没意思，生活变得枯燥乏味，整个人提不起精神，甚至会感到绝望，对前途无比失望，无助与无用感明显，自责自罪。

半数以上的老年抑郁症患者还伴有焦虑和激越，紧张担心、坐立不安，有时躯体性焦虑会完全掩盖抑郁症状。

(2)思维迟缓。

抑郁症患者思维缓慢，反应迟钝，自觉"脑子明显不好使了"。

老年抑郁症患者大多存在一定程度认知功能(记忆力、计算力、理解和判断能力等)损害的表现，比较明显的为记忆力下降，需与阿尔兹海默症相鉴别。后者多为不可逆的，而抑郁则可随着情感症状的改善有所改善，愈后较好。

(3)意志活动减退。

患者可表现为行动缓慢，生活懒散，不想说话(言语少、语调低、语速慢)，不想做事，不愿与周围人交往，总是感到精力不够，全身乏力，甚至日常生活都不能自理。对既往生活的热情、乐趣减退或丧失，越来越不愿意参加社交活动，甚至闭门独居、疏远亲友。

(4)自杀观念和行为。

严重抑郁发作的患者常伴有消极自杀观念和行为。老年抑郁症患者的自杀危险性比其他年龄组患者大得多，尤其抑郁与躯体疾病共病的情况下，自杀的概率和成功率都较高。因此患者家属需加强关注，严密防备。

(5)躯体症状。

此类症状很常见，主要表现为：疼痛综合征，如头痛、颈部痛、腰酸背痛、腹痛和全身的慢性疼痛；消化系统症状，如腹胀腹痛、恶心、嗳气、腹泻或便秘等；类心血管系统疾病症状，如胸闷和心悸等；自主神经系统功能紊乱，如面红、潮热出汗、手抖等。此外大多数人还会表现为睡眠障碍，入睡困难，睡眠浅且易醒、早醒等。体重明显变化、性欲减退等。

（6）疑病症状。

患者往往过度关注自身健康，以躯体不适症状为主诉（消化系统最常见，便秘、胃肠不适是主要的症状），主动要求治疗，但往往否认或忽视情绪症状，只认为是躯体不适引起的心情不好。

患者对躯体疾病的关注和感受远远超过了实际得病的严重程度，因此表现出明显的紧张不安和过分的担心。辗转于各大医院，遍寻名医，进行各项检查的结果是阴性或者问题不大、程度不严重时，会拒绝相信检查的结果，要求再到其他大医院、其他科室检查，也会埋怨医生检查不仔细、不认真、不负责任等。

3. 空巢综合征

"空巢"是指无子女或子女成人后相继离开家庭，形成老年人独守老巢的特点，特别是老年人单身家庭。随着中国的社会文化变迁，大家庭解体，社会结构以核心家庭为基础，人们的家庭观念淡薄及工作调动，人口流动，住房紧张，年轻人追求自己的自由与生活方式等原因，都造成不能或不愿与父母住在一起。老年人晚年盼望的理想落空，孤独、空虚、寂寞、伤感，精神萎靡。对于长期居住在"空巢"环境中的老年人来说，儿女不在身边，同社会接触少，就会加速他们精神上的衰老，思维能力和判断能力也会迅速衰退，甚至会诱发阿尔兹海默症、老年性抑郁症和其他老年性精神、心理疾病。因居住在封闭环境中引发的各种心理症状，就叫"空巢综合征"。

 实践训练

如果你在某个养老机构组织一场活动，有老年人不愿意参加，请根据所学知识，试着分析他们的心理。

任务三

掌握老年人的社会特点

 任务目标

知识目标

1. 掌握老年人的社会角色变化。
2. 掌握老年人的社会地位变化。

技能目标

根据老年人的社会特点掌握开展老年人活动的注意事项。

 **任务分解**

子任务一　掌握老年人的社会角色变化

60岁不仅是个体进入老年的标志，而且是一般意义上个体职业中断的标志。随着个体的退休，其社会角色也发生了变化，而与其社会角色相关的生活方式也随之改变，老年人进入了一个新的人生阶段。老年人社会角色的变化主要表现在以下几个方面。

一、从职业角色转入赋闲角色

在中国，目前一般情况下，女性55周岁、男性60周岁进入退休年龄。个体退休后，在角色上的显著变化就是从职业角色进入了赋闲角色。尽管退休并不意味着与原有的工作单位完全脱离关系，但与其在岗期间相比，离退休职工除了享受国家及原单位提供的各项福利之外，曾经的岗位职责大部分都不需要继续履行。即使有部分老年人会继续从事其他职业，但其职业角色在他们的生活中所占的比重也比较少，逐渐退出劳动第一线。即便老年人作为传统意义上农业知识和经验的集大成者，随着农村现代化和信息化建设的快速发展，农村老年人头上的经验光环也逐渐暗淡，这进一步加快了老年农民进入赋闲角色的步伐。

二、从主体角色演变为依赖角色

进入老年期之前，个体会觉得自己是有能力的，对许多社会资源是可以自己把握而不需要依赖他人的，他们是家庭的主要收入来源之一，可履行抚养子女的义务。可随着年龄的增长，他们一方面是生理机能的退化，生活变得极不方便，健康状况明显下降。另一方面是认知能力包括记忆能力、学习能力等开始衰退。这些变化使老年人不可避免地需要得到子女或者社会的帮助，于是他们逐渐由主体角色过渡到依赖角色。这种社会资本的显著丧失虽然是一个自然过程，但是对于老年人而言是难以适应的。因为，从婴儿到成人，他们都是社会资本的增加受益者，几十年的自我负责的惯性并不能得到立刻卸除。

三、配偶角色向单身角色的转变

夫妻生活也是个体的一种社会资本，并且夫妻角色在个体的一生中占据着绝大多数时间。夫妻之间互相照顾、互相理解、互相排遣寂寞时光。可是，老年期痛失老伴是难以避免的事实。"梧桐半死清霜后，头白鸳鸯失伴飞。"配偶的离去意味着老年人社会资本的流逝以及社会资本来源渠道的进一步窄化。对老伴的怀念和无限的悲苦使许多老年人难以自拔，甚至万念俱灰，长此以往，他们的晚年生活令人担忧。

子任务二　掌握老年人社会地位的变化

社会地位实际上是指伴随社会角色而来的社会责任和社会尊严。一般来说，社会角色越重要，社会责任和社会尊严就越高。随着社会角色发生变化，社会责任和社会尊严也会发生相应变化。老年期是社会角色变化的时期，也是社会地位转变的时期。具体表现在以下几个方面。

一、老年人的先赋性地位

随着社会经济的发展以及个人发展和工作的需要，越来越多的子女与父母分开居住。人口流动性的加大，使子女对许多重要事件和日常家务往往自己决策，不再事事请教长辈。代与代之间的关系日益松散，长辈对子女的直接影响力逐渐被削弱了。另外，生育率下降带来的家庭第三代人数的急剧减少，使"4-2-1"型家庭大量出现：祖辈、父辈、子辈三代共存（而不一定是"三代同堂"），夫妇双方及其子女都为独生子女，夫妇双方父母均健在。在这样的家庭里，仅有一人的子辈成为家庭的焦点，也使祖辈的重要性被大大降低了。

二、老年人的自致性地位

经济的高速发展需要继续社会化和接受能力强的年轻劳动者。老年人反应慢、知识更新能力较弱，因此，老年人的地位与社会变迁率成反比，而且老年人因体力等方面的原因，怕变求稳，难以适应高度流动的社会需求，所以高度的社会移动会降低老年人的地位。此外，老年人逐渐成为企业的经济负担和企业中的保守群体，且自救自助意识不强，社会缺乏对老年人群体社会价值和作用的宏观的、全面的认识和评价。老年人自身思想上也相对放松，越来越多的老年人也日益超脱，不再继续奋斗，凭自己的退休金或者是儿女的供养安享晚年，这也是造成老年人社会地位下降的重要原因。

三、老年人家庭的变化

家庭是老年人退休后的主要生活场所。老年人的生活及其心理健康不可避免地要受到家庭结构、家庭成员彼此间的关系及老年人在家庭中的地位等的影响。一是夫妻关系。老年人夫妇间的恩爱程度如何、丧偶老年人能否再婚及再婚后的夫妻关系是否融洽等，都会对老年人的心理健康产生重大的影响。二是与子女之间的关系。受社会文化的影响，老年人与其子女间的关系变得越来越值得关注。很多老年人为子女操心劳神，直至精疲力竭。晚年丧子或子女患病，或是子女为争财产而不顾骨肉手足之情等都会给老年人带来极大的痛苦，对老年人的身心健康造成极大的伤害。还有就是子女不孝或是婆媳关系紧张都会影响老年人的心理健康。三是与孙辈人之间的关系。很多老年人往往把希望寄托在孙辈身上，但由于社会文化及教育背景的差异，在思想观念上很容易与孙辈发生分歧。有些老年人看不惯孙辈的娇生惯养，看不惯孙辈的衣着打扮、行为举止，往往会产生不悦的情绪。

 实践训练

如果你所在的养老机构，有刚刚退休的老年人，试分析其社会角色发生了怎样的变化并提出建议改变他的处境。

项目二　认识老年人活动

项目情景聚焦

老年人活动即为老年人服务的实施过程。老年人活动连接了工作者提供服务和老年人接受服务两个方面，是工作者与老年人的互动及合作的过程，包含了双方在这种持续的互动中所持有的价值观、理念、感情以及个人的行为特点，它是老年人服务最主要的承载。因此要想做好老年人活动策划与组织工作，必须对老年人活动进行系统学习。

项目目标

通过学习本项目内容，同学们要达成以下目标。

1. 了解开展老年人活动的社会背景。
2. 理解老年人活动的相关理论。
3. 掌握老年人活动的相关概念。
4. 学会正确对老年人活动进行分类。
5. 学会开展老年人活动相关技巧。

任务一

了解开展老年人活动的社会背景

 任务目标

● 知识目标

1. 了解开展老年人活动的社会背景。
2. 理解开展老年人活动的科学依据。

● 技能目标

能运用科学养老的四大任务、"六个老有"来指导老年人活动的开展。

 任务分解

子任务一　了解开展老年人活动的社会背景

任何活动的开展都离不开它所处的社会背景，我国正处于一个什么样的历史时期呢？

一、我国已经成为老龄化社会

1. 老龄化社会的概念

老龄化社会是指老年人口占总人口达到或超过一定的比例的人口结构模型。按照联合国的传统标准是一个地区 60 岁以上老年人达到总人口的 10%，新标准是 65 岁以上老年人占总人口的 7%，该地区即被视为进入老龄化社会。中国目前也面临老龄化社会的挑战。

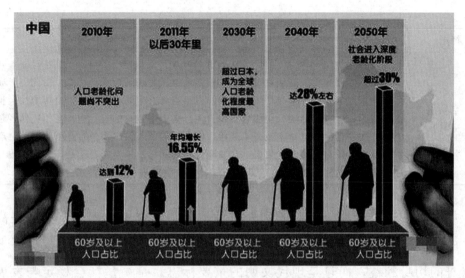

图 2-1　中国人口老龄化

2. 我国老龄化社会的特点

表 2-1　我国老龄化社会的特点

特点	内　　　容
快速老龄化过程中可能"断裂"的特点	2016 年，我们 60 岁以上人口超过 16.7%，65 岁以上人口超过 10.8%。大多数老龄人口难以进入城市，给这个城镇化的时代打上很强的断裂特色。这种断裂表现为双重断裂：一是子女与父母之间的区位断裂与代差断裂，二是城市与乡村之间现代与传统的断裂。
老龄化社会与少子化社会共生的劳动力人口缩减	中国的老龄社会是老龄化与少子化并存的社会，也是政策性老化与社会经济发展所引发的老化形成的双重老化社会。2015 年年底实施"全面二孩"政策之后，制度红利并没有完全释放出来，老龄化与少子化共生的现象将长期影响我们，未来劳动力人口数量还会持续下滑，但持续的下降正在逐步瓦解着传统型"中国制造"的劳动力基础。
老龄化中的血亲社会向姻亲社会转变	不管是城市还是农村，养老资源更多借助的是老年夫妻互养，而非子女。传统社会，老年人会选择跟随某个子女完成养老过程，孝道从文化结构上支持这种养老安排。但现在子女离开父母进入城市打工，家庭中血亲关系的养老功能逐步弱化，姻亲关系被赋予了更为重要的养老功能。
老龄社会中老年政治显现	传统社会的政治是老年人政治，现代社会曾经有所消解。但在老龄社会，老年人政治会重新进入我们的生活。我们注意到，老年人会集体锻炼身体、旅游等，这个现象说明老年人更易于组织起来。因为他们有时间、有思想，他们在变老的过程中强化了对政治及对未来命运的关心感，逐渐生产出了政治意识并形成了他们的政治表达。

特　点	内　容
老年空巢和 青年空巢并生	原来说在老龄化过程中，由于子女数量的减少，父母亲会在45～50岁就进入到空巢时期。但在今天的现代化过程中，青年人也开始晚结婚或不结婚，由此也形成青年空巢家庭，客观上形成了老年空巢和青年空巢并生的社会。这也是传统社会根本没有碰到的一种全新的社会组合现象。而且在老年空巢的过程中，老年丧偶者越来越多，女性老年空巢越来越多，老年人的再婚问题凸显出来。有些子女因为财产继承等原因，反对老年父母再婚，这使老年同居问题越来越多。于是，代际矛盾与老年同代人的矛盾开始彰显。

　　如何有效应对老龄化社会的到来，满足老年人群体的需求，从而提高老年人的生活质量？从某种意义上来说，老年人群体需求的满足不仅关系老年人自身的切身利益，而且是现代文明的重要标志，是衡量社会稳定与发展的晴雨表。老年人活动的开展有助于老年人群体需求的满足。

二、我国正处于社会转型时期

　　如今社会流动的加剧，传统家庭结构的变化，使得家庭的养老功能在转型社会中日益弱化。此外，在现代消费主义浪潮下，老年人群体在精神、物质和医疗需求上不断增加，亟待多方面力量共同参与老年人服务，这客观上推动了我国老年人服务走向社会化。从社会主义市场经济的建立及其社会保障制度的改革来看，当前政府在推动老年人服务的市场化(主要是市场体制改革)和社会化方面的作用有限。因此，市场机制在老年人服务中往往出现产业结构的不平衡等情况，即对于老年人群体的需求满足呈现不均衡，如倾向于物质性的提供，忽视精神方面的安抚。构建和完善多方力量参与的老年人服务体系，就必须从现有的制度背景出发，在制度建设中缓和和化解老年人服务社会化中的供需矛盾。

子任务二　掌握开展老年人活动的指导依据

一、科学养老的四大任务

表 2-2　科学养老的四大任务

任务	提出	内容	应用	案例(来源于《四种老龄化理念及其政策蕴意》)
健康老龄化	世界卫生组织于 1990 年提出实现"健康老龄化"的目标。	健康老龄化是指个人在进入老年期时在身体、心理、智力、社会、经济五个方面的功能仍能保持良好状态。从广义上理解健康老龄化,应包括老年人个体健康、老年人群体的整体健康和人文环境健康三个主要方面。	目前老年人普遍重视自身的身体健康状况,逐渐认识心理健康和参与社会的重要,开展丰富多彩的健身和娱乐活动,关心国家和社会发展,为实现健康老龄化而努力。	浙江省兰溪市在 2015 年年初依托 96345 家社会公共服务中心建立了"网络养老院"。这既是一个养老服务中心,又是一个信息交流平台,被称为"没有围墙的养老院"。该平台将老年人的个人信息、健康状况、服务需求以及家庭主要联系人等信息输入平台数据库,并且与有关医疗机构衔接。在收到老年人的服务需求后,该平台会指派就近的加盟商为其提供上门服务。目前,这一平台的服务项目涉及 14 大类 137 个小项,包括为有特殊福利服务需求的老年人开通 GPS 定位服务,防止失智或半失智老年人走失。这一虚拟养老院利用现代通信、网络技术打造了智能化的养老服务模式,整合当地各种社会资源,将线下服务与互联网相结合,将日常照顾与医疗服务相结合,使老年人可以通过这个平台得到相应的服务。
积极老龄化	1999 年世界卫生组织提出了"积极老龄化"的口号。	"积极老龄化"是指人到老年时,为了提高生活质量,使健康、参与和保障尽可能获得最佳机会的过程。	积极老龄化要求国际社会以积极的态度主动去应对人口老龄化,提出应对措施,采取积极行动,使社会保持活力,实现和谐发展。	自 2003 年起,浙江省老龄办组织了各行业的退休专家和知识分子开展"送医、送文化体育、送服务技能下乡"的活动。在当地,2014 年杭州市志愿者协会组织了"银龄互助"分会,组织低龄老年人在街道、社区或社会组织中开展帮扶活动。这些活动为许多老年人提供了帮助他人的机会,使这些老年人能够发挥余热继续为社会做贡献,也使他们在参与过程中形成社会影响并保持活力。这些活动也改善了当地的生活环境和社会质量。

续表

任务	提出	内容	应用	案例（来源于《四种老龄化理念及其政策蕴意》）
成功老龄化	早在20世纪80年代，有人就对成功老龄化展开过相关研究。张小兰等也讨论了从健康、社会功能和幸福感的维度来衡量成功老龄化的模型。	成功老龄化包括三个主要部分：较低的病残概率；较高的认知和身体功能水平；对生活的积极参与。	成功老龄化是维系住老年人个体和外部世界建设性的平衡关系或者说良性的互动关系，并在这个过程中使老年人的价值实现最大化，与此同时使整个社会在生产性老龄化的推动下去实现人的全面发展、代际公平和公正以及人口与政治、经济、文化、生态全面的协调发展。	杭州市转塘街道积极开展"文化养老"项目，建立了"颐乐养老"服务工程，形成了"品质养老""文化养老""科学养老"三位一体的养老服务新模式。当地社区积极组织各种唱歌、跳舞、摄影、书法、健体等娱乐活动，使老年人保持积极的心态，乐观面对晚年生活，将追求幸福感作为其晚年生活目标，实现成功的人生。这一养老项目既丰富了当地老年人的生活，又回应了成功老龄化的理念。
生产性老龄化	"生产性老龄化"最早由美国学者巴特勒提出。	生产性老龄化强调老龄群体是一种社会资源，可以在生产和生活中发挥重要作用，并鼓励老年人积极参与到经济和社会生活中去。	将老年群体视为家庭的支持者和社会经济的参与者，而不仅仅是依赖者、消费者或服务的对象。	浙江金华市乐福社会工作服务中心在2013年年底创办了"时间银行"项目，有1 300多位老年人参加。该机构记录或存储老年人提供服务的时间，以便他们在需要服务时能够"消费"这些时间。这一机制促使老年人成为当地社区养老服务的重要人力资源，从而实践了生产性老龄化的理念。当地社工机构也为该中心指派有经验的援助人员进行管理，专业社会工作者采取周访或月访的形式回访老年人，以核实"存储"和"支取"的具体情况，确保该项目的有效运作。

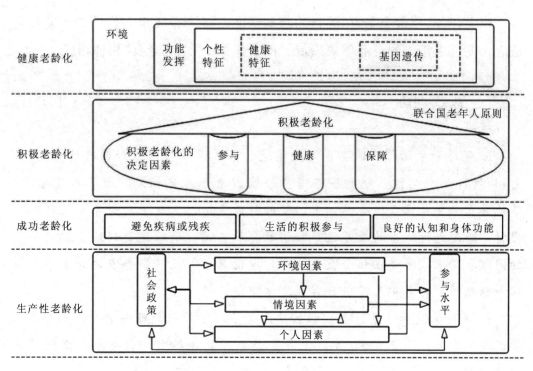

图 2-2　四种老龄化(范方春、吴湘玲绘制)

二、科学养老的"六个老有"

表 2-3　科学养老的"六个老有"

老有所养	老有所养是核心,是其他"五个老有"的前提和基础。老有所养就是满足老年人衣、食、住、行的基本需要以及生活照料和精神慰藉的特殊需要。
老有所医	老有所医是重点和保障,就是满足老年人看病治病的需要,这也是老年人生活中最关心的问题。
老有所为	老有所为是很多老年人晚年生活不可缺少的组成部分,他们用自己掌握的知识和技能,继续为我国现代化建设做出新的贡献。
老有所学	老有所学也是许多老年人生活的组成部分,根据自己的爱好,学习掌握一些新知识和新技能,既能陶冶情操,又能丰富生活。
老有所教	老有所教是通过思想政治教育,使广大老年人做到政治坚定,思想常新,理想永存。
老有所乐	老有所乐内容极其丰富,通过开展各种各样适合老年人特点的文体活动,为老年人增添欢乐,幸福安度晚年。

四大任务、"六个老有"的目的都是帮助老年人完成全方位的老年期社会适应，促进老年人的身心健康发展。四大任务、"六个老有"相辅相成。

 实践训练

材料：

1. 供养和生活料理服务：一是街道、社区提供长期性和临时性养老（托老）场所，如敬老院、福利院、老年公寓、老年人日托站、老年人食堂等；二是成立老年人家庭服务站，上门帮助料理生活；三是资助老年人活动辅助器材；四是进行适当的康复医疗知识教育和咨询，使家庭更好地了解老年人的问题和需求；五是在社会服务业中，增设老年人生活服务点，如老年人商店、专柜等，为老年人提供日常生活方便。

2. 医疗保健和康复服务：社区建立老年人医疗保健服务中心，为老年人就医提供方便，并建立80岁以上寿星老年人健康档案，向老年人提供常见病的护理和治疗。

3. 教育服务：开办各类老年学校、老年大学，为老年人再学习、再教育提供机会和便利条件。

4. 社会参与服务：为老年人晚年继续参与社会活动提供条件，如加强老年人和青少年以及社会的联系，为关心教育下一代发挥力所能及的作用；在公共场所、桥梁、道路和公共设施的建设中，要有适合老年人特点的服务设施；组织老年人成立老年人技术服务部、科学技术咨询服务部、老年人协会，义务协助和参加街道居委会工作等。

5. 文体娱乐服务：增设各种文体娱乐设施，组织老年人成立各类协会、研究会，开展各种文体娱乐活动。如建立老年人活动室、活动中心，成立老年人书画社、旅游服务部、戏社等。

6. 其他方面的服务：如开办老年人婚姻介绍所，帮助老年人再婚和重建家庭，并在就医、乘车、旅游等方面提供优先照顾老年人服务。

问题：请问材料中每项具体的老年服务体现了哪个"老有"？

任务二

学习老年人活动的相关理论

 任务目标

知识目标

1. 理解老年人活动相关理论的内容。
2. 掌握老年人活动相关理论对于老年人活动的意义。

技能目标

能运用老年人活动相关理论指导老年人活动的开展。

 任务分解

社会学、心理学、经济学、生物学、医学等学科领域都有许多老年人活动的相关理论，这些理论包括撤离理论、活动理论、延续理论、角色理论、社会建构理论、符号互动理论、行为理论、现代化理论、老年亚文化理论、年龄分层理论、经济理论、适应理论、马斯洛需求层次理论、人生回顾理论、人格类型理论、生命周期理论、自我概念理论、社会环境理论、方形生存曲线理论等，限于篇幅，本次任务只选择其中部分理论予以介绍。

子任务一　理解马斯洛需求层次理论

一、理论内容

表 2-4　马斯洛需求层次理论

理论内容	需求类别（由低至高）	运用（老年活动的开展必须要满足老年人的需求）
个体成长发展的内在力量是动机。	生理需求： 生理上的需求是人们最原始、最基本的需求。若不满足，则有生	①吃：解决温饱问题；营养结构均衡；有子女能够帮忙购买日常食品；如果不能做饭，附近社区有实惠的餐馆；如果生病时，可以有人来送饭；家中有

续表

理论内容	需求类别（由低至高）	运用（老年活动的开展必须要满足老年人的需求）
而动机是由多种不同性质的需求所组成，各种需求之间，有先后顺序与高低层次之分；每一层次的需要与满足，将决定个体人格发展的境界或程度。	命危险。这就是说，它是最强烈的不可避免的底层需求，也是推动人们行动的强大动力。	一些零食，可供临时食用。 ②衣：每年有新的衣服；平时衣服整洁，有洗衣机可以使用；大件衣服有人可以帮忙清洗。 ③住：有一定的住房空间；有自己的独立生活环境，如厨房、卫生间；住房中自己可以自如生活。 ④行：经常可以外出去各个子女家；能够出去旅游、休闲度假；能够去附近公园玩。
	安全需求： 安全的需求要求劳动安全、职业安全、生活稳定、免于灾难、未来有保障等。安全需求比生理需要较高一级，当生理需要得到满足以后就要保障这种需要。每一个在现实中生活的人，都会产生安全感的欲望、自由的欲望、防御的实力的欲望。	①自身安排：日常生活自理。 ②财产遗产安全：自己有权保管自己的财产；有一定的常识可以防止"电话诈骗"；子女告知老年人如何理财；家中有一定的防盗的措施，如铁窗，自动报警装置；将家庭财产公证；事先自己可以定好遗嘱，决定自己财产的处置。 ③疾病安排：生大病时，能够接受常规的医疗服务；生小病时，自己可以在附近就医；有医保卡；社区有一些医疗保健的宣传。 ④侵权安全方面考虑：自己的财产不受其他人侵犯，如子女不当继承；自己的身体不受到他人侵犯，如虐待。
	社交需求： 社交的需求也叫归属与爱的需要，是指个人渴望得到家庭、团体、朋友、同事的关怀爱护理解，是对友情、信任、温暖、爱情的需求。社交的需求比生理和安全需求更细微、更难捉摸。它与个人性格、经历、生活区域、民族、生活习惯、宗教信仰等都有关系，这种需要是难以察悟，无法度量的。	①社交需求：有朋友圈定期聚会；家中有电话可以经常联系一些亲朋好友；能够使用一些常规的交流工具，如邮件、电话。 ②组织归属需求：参加社区的各种兴趣小组；参加社区的志愿服务，帮助他人；参加社区组织的集体活动。 ③心理方面需求：心情舒畅，无衣食之忧；没有压力；遇到困难，有一个可以说心里话的人，能够有效地排遣心中的苦闷；儿孙满堂，子女有出息。
	尊重需求： 尊重的需求可分为自尊、他尊和权力三类，包括自我尊重、自我评价以及尊重别人。尊重的需求很少能够得到完的满足，但基本上的满足就可产生推动力。	①内部尊重：自己能办到的事情，不想麻烦子女；不喜欢与子女住在一起，担心不自由；不喜欢被子女强行送到敬老院；想按自己的饮食习惯，不想与子女一起吃饭。 ②外部尊重：想让子女按照自己的意图去办事，老年人说怎么做，子女就怎么做；子女做决定时，想让子女听取一下老年人的意见；想让子女都经常来看望他；想收到子女的礼物；想获得同龄人的认可，想在某项内容上超过其他老年人。

续表

理论内容	需求类别（由低至高）	运用（老年活动的开展必须要满足老年人的需求）
	自我实现需求： 自我实现的需求是最高等级的需求。满足这种需求就要完成与自己能力相称的工作，充分发挥自己的潜在能力，成为自己所期望成为的人物。这是一种创造的需要。有自我实现需求的人，似乎在竭尽所能，使自己趋于完美。自我实现意味着充分地、活跃地、忘我地、集中全力全神贯注地体验生活。	现在社会上具体包括（自我价值实现方面）：想写回忆录；做个人纪录片；有专长的老年人想将自己的想法、方法教给年轻人；有才艺的老年人喜欢参加各类比赛；积极地去创造自己的第二职业，或者是奉献公益事业，或者是专注于自己因工作没有时间而搁置的业余爱好，发挥自己的特长和优势，充分享受退休后的快乐。

子任务二　理解活动理论

表 2-5　活动理论

理论内容	意　义	案例（各种老年服务小组）
1953 年由凯文等人提出。活动理论认为老年人的生活满足感与活动间有积极的联系。成功适应老年生活的人是能够保持活力，力争不从社会生活中退出的人。老年人如果能尽可能长地保持中年时的活动，就能很好地调整和适应晚年生活，并对晚年生活感到满意。老年人可以找到其他东西来替代工作，用新环境中的人替代旧友。因此，主张老年人应通过新的参与、新的角色来改善老年人由于社会角色中断所引发的情绪低落，用新的角色取代因丧偶或退休而失去的角色，在社会参与中重新认识自我，从而把自身与社会的距离缩小到最低程度。	活动理论对于老年活动的意义在于，无论从医学和生物学的角度来看，还是从日常生活观察得出结论，"用进废退"基本是生物界的一个规律，因此，老年工作者不仅要在态度和价值取向上鼓励老年人积极参与他们力所能及的一切社会活动，而且更需要为老年人的社会参与提供更多的机会和条件。	(1)夕阳红志愿服务队：以网格为中心，以社区路段为划分，对社区内部开展物业管理监督、治安巡防、环境保护等工作。 (2)桑榆老年文体队：组织文艺爱好者参与歌唱、舞蹈、书法、象棋等老年教学课程，为社区文化活动储备文化艺术节目。 (3)心连心高龄老年人服务小组：为社区独居高龄老年人进行日常电话联系，每周固定时间走访慰问，并引入市青少年志愿者、大学生志愿团体参与其中。

子任务三 理解角色理论

表 2-6 角色理论

理论内容	意　　义	案例 (退休干部社会角色调适小组活动方案)
角色理论认为当个体经历老化过程所带来的变化时，他们会丧失象征中年的社会角色和社会关系。例如，丧偶或同辈人死亡所带来的关系和角色的变化。他们会因为退休而失去职业角色，他们需接纳象征晚年的新的社会角色和社会关系，比如，做祖父母。这一理论认为，成功的老年人在很大程度上取决于对角色变化和角色的丧失的调整适应。	角色理论对于老年活动的意义在于，老年工作者在老年活动中要帮助老年人调整自己，适应新的角色，或者发展新角色，替代失去的角色，重新建立有意义的关系。比如，退休了，有些老年人不能适应，可能会生病，心情不好，老年工作者可以在社区中经常开展一些针对老年人的社区活动、针对社区退休人员的小组活动，帮助他们结交新朋友，融入社区，适应角色转换。	小组活动有以下几节活动，分别为在小组初期的相互认识"我们'缘'来认识"，而设计的"回忆往事，着眼当前"，使退休的老年人在小组群体中找到归属感，正确看待退休后的问题，提升自我认知；在小组中期的自我健康认知"我的健康我做主"，培养退休干部的一些兴趣并帮他们寻找一些新角色，而设计的"我动手，我快乐""分享快乐"，使其获得满足感和自信心，获取家庭和社区的支持；在小组后期设计的"展望未来，幸福生活"是对小组的一个总结和对退休干部的退休生活的规划。

子任务四 理解优势视角理论

表 2-7 优势视角理论

理论内容	意　　义	案例 ("爷爷奶奶一堂课" 公益项目)
"优势视角"是指"社会工作者所应该做的一切，在某种程度上要立足于发现、寻求、探索及利用案主的优势和资源，协助他们达到自己的目标，实现他们的梦想，并面对他们生命中的挫折和不幸，抗拒社会主流的控制。这一视角强调人类精神的内在智慧，强调即便是最可怜的、被社会所遗弃的人都具有内在的转变能力"。 概括地说，"优势视角"就是着眼于个人的优势，以利用和开发人的潜能为出发点，协助其从挫折和不幸的逆境中挣脱出来，最终达到其目标、实现其理想的一种思维方式和工作方法。	在老年人活动中，应挖掘老年人的优势，协助老年人从关注自己的问题和弱点转向关注自身及环境当中存在的可利用的资源，培养老年人识别资源和优势的能力，并树立老年人关于优势和资源的自我认识和自我认可，引导老年人用自身优势和能力解决问题，增强个人问题解决的积极性，帮助老年人达成和实现目标。	"爷爷奶奶一堂课"是在专业社工的引导与协助下，发动老年人回到校园为小学生讲授一堂课，课程内容涉及本地历史、人物、文化、风俗、地理五个层面，在弘扬家乡传统文化的同时，让老年人更积极地生活。"爷爷奶奶一堂课"围绕老年人参与乡土文化教育这个主题，实现对老年人所具有独特的生活经验与人生感悟资源的开发与利用。

 **实践训练**

材料：

1. 近日，一位83岁的老年人在网上发帖称：他为方便网络购物，到某银行开通网上银行，但该行以老年人用网银风险大为由拒绝了。这位老年人非常不解和郁闷：银行凭什么剥夺老年人办理网银的权利？老年人欲开网银被银行拒绝，银行是负责还是偷懒？

2. 2014年11月21日，某地一名八旬老妪以跳楼的方式结束了生命。记者从出警民警处了解到，老年人身患重症需要巨额医药费，不愿拖累家人，选择跳楼自杀。

3. 中山市石岐区太平社区成立了老年人义工队——暖心队，暖心队共有40多名老年义工，年龄大多处于50～60岁，他们按特长和服务内容分成不同的组别，为社区的同龄人提供各项服务。老年义工在向社区老年人提供服务时，由于彼此都是老年人，更加聊得来，而且可以把积极向上、热爱生活的情绪传递给其他老年人。

问题：请运用老年人活动相关理论来分析材料中的案例，并尝试设计相应的老年人活动来满足案例中老年人的需求。

任务三

学会运用老年人活动的相关概念

 任务目标

知识目标

1. 掌握老年人活动的内涵。
2. 了解老年人活动的作用。
3. 理解老年人活动的伦理原则。

技能目标

1. 能根据老年人活动的内涵正确开展老年人活动。
2. 在开展老年人活动中不违背伦理原则。

 **任务分解**

子任务一 掌握老年人活动的内涵

一、老年人活动的含义

活动是为了达到某种目的而采取的行动。老年人活动是活动的一个分支，指的是以老年人生活为内容形成的活动体系。

表 2-8 老年人活动的含义

目的	帮助老年人顺利实现全方位的社会适应，获得身心健康。
内容	以文艺体育内容为主，辅之以社会公益、技能学习、合作交流、志愿服务、互助等内容。
形式	表现形式上以娱乐为主，活动形式上户外与室内相结合，组织形式上即时性与延伸性相结合。
功能	老年人活动兼具文化、经济价值，是一个地区文化现象与经济内容的载体之一。随着人们老年服务意识的提高，老年人活动的经济载体功能日益彰显。

二、老年人活动的性质

老年人活动的界定：是主办者租用、借用或者以其他形式占用场所、场地，举办的老年人群体性活动。

老年人活动的性质：是一项有目的、有计划、有步骤地组织以老年人为主体的众多人参与的社会协调活动。

表 2-9　老年人活动的四个重要概念

目的性	老年人活动的开展往往要耗费资源，包括人力、物力、财力，当然要有活动的目标，没有目的而耗费资金做活动是不负责的。
计划性	凡事都应有计划，老年人活动更不例外，而且更要有周密的计划。
参与性	既然是活动，就应该有人参与。
安全性	在组织老年人活动的过程中，老年人的安全始终要放在第一位，因此要确保老年人活动安全地完成。

三、老年人活动的特点

表 2-10　老年人活动的特点

多样化	老年人的活动需求是一个范围广泛的连续体，老年人活动也是多样化的。
层次性	社会的进步与参与者的物质生活条件和文化素养决定了老年人活动的层次性。
广泛性	生活的多样性，老年个体性格的差异性，决定了老年人活动内容的广泛性。
多元性	活动个体兴趣的广度决定了老年人活动项目的多元性。

四、影响老年人参与老年人活动的因素

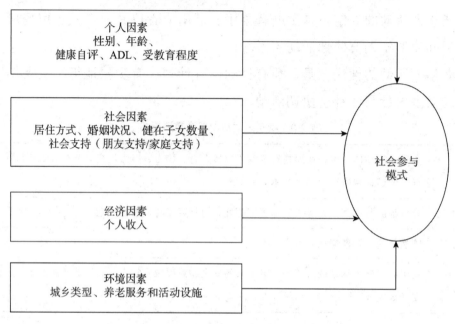

图 2-3　老年人社会参与模式影响因素分析框架

　　健康的确是老年人社会参与的基础，健康状况不好会限制老年人参与各项活动的能力。受教育程度高的老年人可能在知识技能等方面掌握更加丰富的资源从而更有能力参与经济、政治或者社会类活动。与孙子女居住、有配偶、朋友支持高的老年人更愿意参与活动。低收入者较少参与活动。宜居的社区环境能够为老年人的社区参与提供安全、舒适、方便的环境支持，帮助他们走出家门，更加便捷地参与社区活动。

子任务二　了解老年人活动的作用

表 2-11　老年人活动的作用

促进身体健康	适当的体力活动可以提高机体新陈代谢的能力，使机体器官功能和肌力增强。适度的体力活动，可加大肺活量，促使心肌加强收缩，增加血液供应，促进血液循环；能改善神经系统功能，消除体力活动所造成的轻度疲劳；能解除神经紧张，促进睡眠。适度的体力劳动，能增强肠胃道分泌和蠕动，增进消化，促进食欲。同时，在参与脑力活动的过程中，老年人不断阅读，反复思考、想象、记忆等思维活动，能使大脑得到锻炼，加强思维能力，延缓脑细胞的衰老。

续表

促进积极情绪	人的情绪对身体健康有着极大的影响。老年人在活动中心情轻松愉快，精神振奋，可很好地调节脉搏、呼吸，调节血液、消化液的分泌及新陈代谢，使之处于正常及稳定状态，人也会感到舒服、轻松、乐观，这样形成一种良性循环，对身体、心理的健康有着积极的作用。
促进自我实现	老年人参加团体活动，愿望之一是实现年轻时未了的心愿。成功的活动可以激发老年人对新事物的兴趣，协助老年人获得支持，发挥自己的所长，将过去的兴趣转化为今天的现实；可以消除老年人的自卑心理，在活动过程和活动结果中体现老年人的优势和价值，在活动过程中经历"创造—满足—再创造—再满足"的过程，从而实现社会角色的再创造，在晚年再现自我价值。
建立社会支持网络	老年人在退出主流社会后如何进行社会交往，形成新的良好的信息和情感交流渠道，形成一定的社会网络，以调整思想和行为，保持良好的精神状态，为社会和家庭发挥余热，是整个社会需要关注的问题。社会支持包括经济支持、日常生活支持和情感支持三种类型。构建包括伴侣、家庭成员、邻居、同质人群和其他渠道认识的朋友等在内的社会支持网络，可以对老年人及其家庭提供经济上的支持、生活上的照顾、精神上的交流，从而为老年人解决问题、克服冲突开辟了新的路径。建设老龄社会，不应只停留在喊口号的阶段，而应努力为老年人参与社会创造条件。

子任务三　理解老年人活动的伦理原则

表 2-12　老年人活动的伦理原则

从价值观上尊敬老年人	活动组织者要认真反思自己的价值观，学习老年学的理论，改变社会对老年人的偏见和歧视，如认为老年人只能消极地适应生活，是老朽、昏庸、无能的，是社会和家庭的负担等。要从观念上接纳并尊敬老年人，真心提供帮助去改善老年人的生存环境，提高他们的生活质量。
热爱老年人活动	活动组织者要真正热爱老年群体，甘愿付出，乐于组织和参与老年人活动。不少活动组织者组织活动时很有条理，讲解也很清晰，但唯独缺少了热情、热爱。组织者对活动的热爱能对老年人产生很强的感染力，令老年人感到组织者不是为了工作而工作，而是为了与老年人分享快乐。所以，组织者要将每一次活动都当作新的体验，除了让组员玩得高兴外，也要表现出自己与老年人共同分享活动的愉悦感。
尊重老年人的自决权	有些老年人根本不想参加活动，他们可能不喜欢按部就班地跟陌生人或自己熟悉的人交往。他们不喜欢谈论彼此的感受或烦恼，对回忆往事或者学习新技能没什么兴趣，也不愿意结交新朋友或者探索早年未解决的冲突。尽管认识到这一点会让老年活动的组织者产生挫败感，但是老年人有权力这样做。尊重老年人的尊严意味着尊重他们拒绝活动的权利。 在老年人参与活动时，有时需要老年人自己做出决定，或者自己制订活动规则，这时组织者扮演的是协助者的角色，这样才能让老年人有最大的收获。

续表

个别化原则	事实上，每一个老年人都是独特的个体，切不可用某一固定的模式去要求他们。有些60岁的老年人可能比30岁的年轻人在思想上更愿意接受新事物。一些老年人健康、健谈且风趣幽默，欣然接受老之将至；一些老年人则可能唠叨抱怨、心灰意冷。有的老年人把生活安排得井然有序，有固定的生活目标，积极自修大学课程，参加各类活动；有的老年人则终日无所事事。因此，应根据老年人的个性特点和需要，组织不同种类、不同形式的活动。当然，也不能仅以参与活动的积极性来判断老年人对生活的满意程度，有些老年人不积极参加活动却很快乐。事实上，经济收入、生活方式、人际关系等都是影响老年人晚年幸福的重要因素。

 实践训练

1. 请用老年人活动内涵中的相关知识点来分析材料中的老年人活动。

材料：

(1)2017年11月20日下午，长沙岳麓区岳麓街道阳光社区携手浦发社区银行在阳光壹佰小区举办了夕阳红老年喜乐会，来自社区的近50位老年人参加了活动，活动共设了筷子夹球、投筷入瓶、钓鱼、沙包掷准四个游戏项目，整个活动持续了近两小时。

(2)为了宣扬健康理念，弘扬中华民族传统美德，大力营造全社会尊老敬老的氛围，由宣城市老龄委、宣城市广播电视台、华信药业北大富硒康雪源康公司联合举办的健康老年人评选系列活动"健康老年人送戏曲进郎溪"在栖凤园广场隆重开演。活动现场选送了老年人喜闻乐见的戏曲节目，精彩的戏曲表演在皖南花鼓戏"送香茶"中正式拉开帷幕，活动现场群众欢歌笑语，节目精彩纷呈。演员们精湛的表演博得了群众的阵阵掌声，让人们在欣赏精彩演出的同时，也感受到了一种健康快乐的生活方式，得到了市民的一致好评。

2. 材料中反映出老年人工作者遵循了哪些伦理原则？

材料：

小宋在开展老年人活动中接待了一名60多岁、听力有问题的老年人。由于小宋事先没有了解到老年人的听力有问题，因此在与老年人的沟通中轻柔细语，老年人不耐烦地大吼起来，怪罪小宋话说得太小声。此时，小宋不仅向老年人道歉，而且还继续向老年人提供服务。

任务四

掌握老年人活动分类

任务目标

知识目标

掌握老年人活动的分类标准及类别。

技能目标

1. 能正确地将老年人活动进行分类。

2. 尝试开展现实辨识小组、动机激发小组等专业活动。

任务分解

子任务一　掌握老年人活动的分类

表 2-13　老年人活动的分类

依据	类别	内　容
活动适合的人群	高龄老年人活动	这类活动一般针对 80 周岁以上、年老体迈的老年人而开展。活动主要以活动量较少的游戏、言语性的交谈、静养、文化创作等形式开展，也包括带领有障碍的老年人进行功能补偿的康复运动。
	中龄老年人活动	这类活动一般针对 70～80 周岁、活动能力尚可、无肢体功能障碍的老年人。这类活动的活动量比高龄老年人的活动量可稍大，活动范围也更广，大多为户外或室内的安全系数高的综合性活动，如可进行爬山、旅游等活动
	低龄老年人活动	这类活动主要针对 70 周岁以下的老年人，这类老年人体力、精力仍然很充沛，除一些需要强体力的活动外一般活动都可以参加。
	病患老年人活动	针对这部分老年人，开展活动时可以结合老年人的身体状况，尽量通过活动维持其现存的生理机能，并争取恢复一些失去的功能，如面对偏瘫患者，我们可以利用一个带线的足球，让其用手抓住线，然后用脚踢足球，并左右手交换，这样四肢的功能在活动中可以得以维持和恢复。可以借助器具开展活动。

续表

依据	类别	内 容
活动的功能	学习型活动	老年人有组织学习，如上老年大学和各类老年辅导班。
	社会工作型活动	参加社会性的义务活动，如义务植树、义务执勤、打扫公共卫生；义务教育活动；政治活动；社会活动，如工会活动、学术团体活动等。
	参与大众媒介型活动	阅读书报杂志，看电视电影，听广播。
	社会交流型活动	户内户外与人交往和交谈，与人闲聊。
	传媒体育型活动	看文艺演出、体育健身活动、欣赏音乐会、游玩、跳舞、散步等。
	娱乐型活动	下棋、打扑克等。
	创作型活动	利用闲暇时间进行学科发明创造、理论创作、理论研究。
活动主体参与能动性的发挥程度	消极休息型活动	独坐静卧、闭目养神。
	积极被动型活动	如观看比赛、表演等。
	消极被动型活动	如睡懒觉等。
	积极能动型活动	如参加比赛、表演、俱乐部，学习等。
	消极能动型活动	如赌博等。
活动的分类	治疗型活动	这一类活动主要以小组活动形式出现，主要通过工作人员组织一系列的活动，来对参与者在认知和行为上存在的问题进行矫正、治疗。比如，应对抑郁症复发的老年人可以加入一个小组，目的是帮助他们识别引发抑郁症的因素，并找到能帮助他们缓解强烈悲哀感的方法。
	发展型活动	这类活动主要是参与者通过参加活动来习得一定的处理问题的能力，参与者自身获得成长，从而更好地适应周围的环境。如通过小组，在老年人中搜集和寻找留下时代印记的物品、照片、报纸图片、故事、图书等，利用怀旧角之老照片展、怀旧角之"古董"展、怀旧角之"过去的故事"讲述比赛、童年的游戏比赛等多种形式，同时合理穿插今昔对比的内容，将今日的城市风貌、现代的电脑游戏、数码产品等内容加以介绍，使怀旧不仅成为交流互动的平台，也成为老年人重新认识自我、肯定自我，了解新生活，重整生命经验的舞台。
	支持型活动	这一类活动主要以小组活动形式出现，专门用来帮助老年人应对与年老相关的艰难的生活转变，如丧偶、患慢性病、住所变更或者是令人困扰的家庭关系等。支持型小组要求个人非常多地披露自己的生活并靠小组来取得治疗效果。支持型小组最常见的纽带是成员共同经历的生活事件。不愿意谈论自己的感受或者不愿在亲密圈子以外处理个人危机的老年人可能不适合参加支持性小组。

续表

依据	类别	内 容
活动的专业性	专业活动	主要以社会工作者、康复治疗师等为带领者，运用专业方法和专业技能开展团体治疗性、发展性的活动，起到治疗、社会支持、娱乐、促进社会交往等作用。如缅怀往事小组、现实辨识小组、动机激发小组等活动。
	业余活动	组织者可以是任何一位老年人或者社团、单位。活动人员本着共同的兴趣、爱好、目标，积极策划、组织、参与活动，主要体现娱乐性、自我满足感、再创造原则。

总之，不管老年活动有多少种分类，但只要按照以人为本的理念和遵循老年活动的一些基本原则开展工作，通过不断地摸索和经验总结，每一个老年工作者都能使自己的工作符合老年人的需求，给他们送去欢乐和喜悦。

子任务二　掌握现实辨识小组、动机激发小组

表 2-14　现实辨识小组、动机激发小组

	现实辨识小组	动机激发小组
作用	通过使用现实的体验，持续地向老年人提供正确的信息，让老年人不再受到隔离，重新掌握周围日常生活环境。	激发那些不再对眼前或者将来感兴趣或投入的人，帮助他们重新与他人建立联系，摆脱满脑子装的都是自己和自己的麻烦的状况。
成员	有轻度到中度头脑混乱或记忆力丧失问题的老年人或患有精神疾患的老年人最适合参加。成员之间的身体状况不能有太大的差距。小组成员的人数在 5～10。	组员人数一般控制在 10～15 人，适合无认知障碍、抑郁等，身患长期慢性疾病的或有逃避行为的老年人参加，且要有一定的听力和语言表达能力，能积极参与小组活动。
活动频率	通常情况下，这种小组应是机构中常规工作的组成部分。每天活动 1～2 次，每次 30 分钟。	6～12 节小组活动，每周一节小组活动。
活动方案	用应季水果和蔬菜做菜；讨论时事新闻，如即将到来的选举、重要的本地新闻故事、重要的历史事件、纪念活动等；玩简单的互动性游戏；为节日开办主题晚会等。	准备过节；为一两个人准备饭菜的小建议；艺术和手工制作；演示目前的计算机技术；化妆和时装表演（用于老年妇女小组）；简单的花费不多的装饰家的点子等。

 **实践训练**

材料：

1. 四川省第八届老年人运动会2015年4月到10月举行，竞赛项目共设15个大类。本届老运会由四川省体育局、四川省老龄工作委员会办公室、四川省老年人体育协会联合主办，由四川省老年人体育协会具体组织实施。

2. 近日，奉贤区庄行镇司法所举办了6场以"维权进基层，服务老年人"为主题的法律援助老年人系列知识讲座。所有讲座都围绕"儿女不赡养怎么办""老年人再就业怎么办""交通事故赔偿难怎么办"等老年人经常遇到的实际问题，向老年人详细讲解法律援助含义、范围、条件，并向老年人说明法律援助的服务形式和内容，申请法律援助所需要递交的材料，有关法律援助申请的特殊规定等知识内容，增强了全镇老年群众维权保障的法律意识。

3. 2014年9月29日上午，农业部老年大学在部机关举办了成立5周年文艺汇演暨教学成果展示活动。部党组成员、副部长牛盾指出，创办农业部老年大学，是部党组政治上关心、生活上照顾老同志的具体体现，是满足老同志精神文化养老需求、提高老年人生活质量的重要途径。老年大学成立5年来，取得了丰硕的教学成果，受到了老年人的充分肯定。

问题：请将材料中的老年人活动按不同标准分类。

任务五

学会运用老年人活动开展的技巧

任务目标

知识目标

1. 掌握与老年人沟通的技巧。

2. 掌握老年人活动开展的技巧。

技能目标

1. 能运用沟通技巧与不同类型的老年人沟通。

2. 能在具体的老年人活动中运用老年人活动技巧。

任务分解

子任务一　掌握与老年人沟通的技巧

在任何老年人活动中都要与老年人进行沟通，良好的沟通有助于老年人活动的顺利开展，下面我们先学习与老年人沟通的技巧。

表 2-15　与老年人沟通的技巧

同有听力丧失问题老年人沟通的技巧	同有视力丧失问题老年人沟通的技巧	与所有老年人沟通的技巧
1. 面向老年人，发音清晰； 2. 站在光线好，背景噪声低的地方讲话； 3. 慢慢讲，一字一句讲清楚； 4. 别把手放在嘴上，	1. 询问什么方式能对老年人有帮助； 2. 进门的时候向老年人通报自己的姓名； 3. 告诉老年人房间的布局并介绍屋子里的人； 4. 沟通的时候总向	1. 主动：老年人大多是被动的，自信心低，对人有戒心，因此要积极主动去接触他们，使他们感到关心； 2. 态度：要和蔼可亲，平易近人，脸上常带微笑，让老年人能感受到你的亲切感，服务对象大部分缺乏安全感，希望得到别人的关怀及接纳，以坦诚的态度与对方交往，让他们感受到一种真挚的关心； 3. 位置：不要让老年人抬起头或远距离跟你说话，那样老年人会感觉你是难以亲近的，应该近距离弯下腰去

同有听力丧失老年人沟通的技巧	同有视力丧失问题老年人沟通的技巧	与所有老年人沟通的技巧
别吃东西或咀嚼； 5. 运用面部表情或手势给老年人提供有用的线索； 6. 如果有必要的话，重新组织自己的表述； 7. 有耐心，保持正面的、放松的态度； 8. 询问老年人怎样才能帮他更好地理解你； 9. 如果是在公众场合，请使用麦克风。	着对方； 5. 带老年人熟悉新的环境； 6. 移动东西的时候先让老年人知道； 7. 要离开的时候告诉老年人； 8. 让老年人知道是否还有其他人留在房间内； 9. 确定有足够的光线； 10. 减少晃眼的光线或反射光； 11. 避免视力受到过度刺激。	与老年人交谈； 4. 用心交流：你的眼睛要注视对方眼睛，你的视线不要游走不定，让老年人觉得你不关注他，同性间可以摸着对方的手交谈； 5. 语言：说话的速度要相对慢些，语调要适中，有些老年人撞聋（弱听），则须大声点，但还要看对方表情和反应，去判断对方需要； 6. 了解情况：要了解老年人的脾气、喜好，可以事先打听或在日后的相互接触中进一步慢慢了解； 7. 话题选择：要选择老年人喜爱的话题，如家乡、亲人、年青时的事、电视节目等，避免提及老年人不喜欢的话题，也可以先多说一下自己，让老年人信任你后再展开别的话题； 8. 真诚的赞赏：人都渴望自己被肯定，老年人家就像小朋友一样，喜欢表扬、夸奖，所以，你要真诚、慷慨地多赞美他，他一高兴，那谈话的气氛就会活跃很多； 9. 应变能力：万一有事谈得不如意或老年人情绪有变时，尽量不要劝说，先用手轻拍对方的手或肩膀做安慰，稳定情绪，然后尽快扯开话题； 10. 有耐心：老年人家一般都比较唠叨，一点点事可以说很久，你不要表现出任何的不耐烦，要耐心地去倾听老年人的话。

子任务二　掌握老年人活动开展的技巧

一、老年人活动开展的基本原则

表 2-16　老年人活动开展的基本原则

不要先行假设	不要先行假设有些老年人爱参加活动，有些老年人不爱参加活动。事实上，绝大多数老年人都有被关注、与人交往的愿望。
耐心、细致、周到	工作人员一定要有耐心、细致、周到的工作态度，要尽可能考虑到每个老年人的特殊需要。如果一个工作人员总是举着图片示意大家活动规则而不是传阅，必然挫伤视力不好老年人的积极性，因为活动开始后很可能就他一人不懂规则，显得十分愚笨。

续表

组员选择恰当	一个腿脚不便者自然不愿参加一个用脚很多的活动。因此，组员的合适安排，是使老年人能够继续参加活动并对活动感兴趣的重要因素。一般来说，宜把教育水平大致相当、身体活动能力无甚差别的老年人组成一个活动小组。
不强求	工作人员虽然应尽可能调动所有老年人参加活动的积极性，但对个别不愿意参加活动的老年人，也应尊重他们的选择。

二、老年人活动开展的具体技巧

表 2-17　老年人活动开展的具体技巧

活动前	准备充分	工作人员事先要有周密的考虑，包括语言的运用、活动类型的选择、让大家互相熟悉的方式等应有充分的考虑。在活动策划阶段，可征求老年人的意见，确定一个鲜明的活动主题。由于老年人事先参与了活动主题的设计，一般会对后续的活动表现出浓厚的兴趣，具有很高的参与意识。但老年人好忘事，所以在活动前，仍然要一对一邀请老年人参加，同时在显眼的地方张贴活动海报。海报要绚丽多彩，字大饱满，内容简明，让老年人很容易就能看清读懂。活动要使老年人感到轻松自然、愉快开心。
活动中	讲解清晰	在讲解活动规则、演示游戏内容时一定要缓慢、清晰、大声，用易识别的文字和图片，要确保每个组员都明白规则。活动中穿插的小游戏一定要简单有趣，既能调动起活动的气氛，又要简单易学，避免老年人因做不到而感到无能。
	赞赏组员	不失时机地赞赏组员的能力，通过赞赏来增加老年人的自信心，特别是对主动发言的老年人或克服困难完成某些小活动的老年人给予适当的赞赏，对其增加自信特别有效，也能很好地调动其参加下次活动的积极性，但赞赏是真诚的鼓励，而不是夸大的言辞或奉承。有时一个鼓励的眼神、一个支持的动作，比千万句赞美的话更具力量。对于一些性格内向的老年人，可以请他们帮助社工通知其他小组成员参加活动，活动前负责签到、点名，在活动中多给予发言和表现的机会等。对于一些在活动中违反规则或干扰活动正常开展的组员，工作人员应加以引导、规范，以保证活动的顺利进行。
	关注组员	工作人员要关心每一个参加者对活动的感受，发现一些组员对活动反应冷淡时，要适当调整活动程序，以避免冷场。
	协助表述感受	在活动中，工作人员应协助参加者表述对活动的感受，从中发现问题，总结经验，使后续开展的活动更符合老年人的兴趣爱好。这种感受的表述，不仅是口头上，而且可以是文图上的。如可以请老年人把参加活动的感受写在纸上、把参与活动最深刻的人和事物画下来。工作人员把老年人的作品收集起来，做一个展板，这样既可以让参与者获得归属感和成就感，也可以吸引未参与者的注意，从而很好地为活动做宣传，提高活动的参与率。
活动后	活动评估	以面谈方式或问卷方式，小组活动成效评估对开展此小组活动意义重大，可以为下次开展此类小组活动提供资料和经验。这一过程要重视老年人的主观评价。

 **实践训练**

1. 到相关老年人机构与不同类型的老年人进行沟通。

2. 到相关老年人机构尝试开展老年人活动。

项目三　了解老年人活动策划与组织

 项目情景聚焦

　　老年人活动策划是对老年人活动过程和活动资源等一系列外部事件进行精心设计和安排的过程。活动策划得全面细致，将事半功倍；相反，稍有纰漏将事倍功半，直接影响活动顺利开展。所以，对老年人活动策划进行系统学习十分重要。

 项目目标

　　通过学习本项目内容，同学们要达成以下目标：

1. 了解老年人活动策划的基本概念。
2. 理解老年人活动策划方法和程序。
3. 设定老年人活动目标并做好内容策划。
4. 应用老年人活动策划案及相关内容写作基本方法。
5. 学会老年人活动策划实施的现场管理。
6. 学会老年人活动策划实施评价。

任务一

了解老年人活动策划的基本概念

 任务目标

知识目标

1. 了解老年人活动策划的基本含义。
2. 理解老年人活动策划理念及原则。
3. 掌握老年人活动策划者应当具备的素质。

技能目标

1. 能将老年人活动策划理念运用到实践中分析问题。
2. 能区分不同老年人活动策划原则。

任务分解

子任务一　了解老年人活动策划的含义

任何活动都有其相应的节奏和流程，应予以妥善的计划和安排。活动过程中的所有细节都需要事先进行计划，尽量安排得井井有条，前期计划安排得合理和得当，都为后续活动的开展提供了有利的基础。我们可以分别从"活动"和"策划"两个维度来了解下"活动策划"的含义。

表 3-1　活动策划的含义

名称	内　　容
活动	活动由目的、动机、动作和共同性构成，具有完整的结构系统。
策划	人们为了达成某种特定的目标，在调查、分析有关材料的基础上，遵循一定的程序，借助一定的科学方法和艺术，对未来某项工作或事件进行系统、全面的构思，制订合理可行方案的一种创造性的社会活动过程，它以问题的沟通为起点，以解决问题的实施方案为终点。

由此可见，对活动进行精心的统筹安排是活动成功举办的前提保证，通过活动策划，可以使人分清轻重缓急，并将活动的结束时间以及各项工作的时间要求安排得恰到好处。活动策划不仅是老年人活动顺利开展的必要条件，而且是老年人活动各个环节顺利进行的意见指导书。一份可执行、可操作、创意突出的活动策划案，可为活动有效完成目标提供有力保障，为活动开展后老年人对活动的满意度以及企业或机构的品牌美誉度都有着积极的意义。

老年人活动策划是对老年人活动组织行为的一种预先筹划，它是对老年人活动过程和资源等一系列外部事件进行精心设计和安排的过程。它包括对老年人活动目标的设定、内容的分析、活动过程的安排和调整、活动评估等。

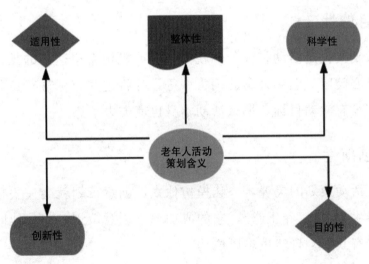

图 3-1 老年人活动策划的含义

我们可以从五个方面的特点进一步来了解老年人活动策划的含义：

一、适用性

老年人活动策划是对未来老年人群活动所做的决策，因此活动策划具有适用性，所有活动形式和内容必须要符合老年或者老年人群体的真实需求，真正适合他们的身体和心理情况。

二、整体性

活动策划无法脱离老年人群以及企业或机构的整体战略而独立存在，否则无论这个活动策划多么优秀，都不会有实际效果。如果活动策划与老年人群的真实需求、企业或者机构整体战略背道而驰，那么结果也只会适得其反。

三、科学性

活动策划是一门系统的思维科学，要求审时度势、定位准确、把握各种资源。在进行活动策划时，必须对企业或机构自身与外部环境做出详细调查与分析，否则活动策划就会变成空中楼阁。

四、目的性

活动策划要设定活动目标，也就是企业或机构希望达到的预期目标，如老年人的身心健康、老年公寓的销售率等，并将这些目标进行量化表述。如果活动策划没有活动目标，那么活动本身也就失去了意义。

五、创新性

创意是活动策划的灵魂，一味模仿他人，创意策划就会失去生命力。例如，健康养生类节目《养生堂》，它的成功源于创意策划，而其他同类节目一味模仿，徒有其形，自然也难以成功。

子任务二　理解老年人活动策划的理念

策划理念是策划过程中所要追求的理性、系统的概念。老年人活动策划理念，就是策划过程中所要追求的理想目标和思考方法，是指导我们进行老年人活动策划的指针、纲领和基础。

一、理念是老年人活动策划的灵魂

理念是老年人活动策划的灵魂，它的形成一方面基于策划者对老年期的深刻理解，对中国传统文化的准确把握；另一方面基于策划者对现实生活和老年人活动发展趋势的准确判断。它把握着活动策划的方向，渗透于活动策划的各个环节，是活动策划的灵魂。

二、理念贯穿于老年人活动策划的全过程

理念把各种点子、创意、想法、念头有机地组合起来，渗透于老年人活动的形式、内容策划的各个环节中，也贯穿于老年人活动的组织、实施和善后工作的全过程，理念是老年人活动策划的纲。

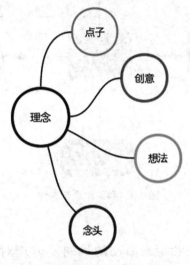

图 3-2　理念是老年人活动策划的纲

三、老年人活动策划的核心理念

1. 和谐理念

老年人活动策划的核心理念即"和谐"。中国传统文化提倡天人合一，以和为贵，本质上就是和谐。目前，我国正致力于构建和谐社会，讲的是个人自身的和谐，人与人之间的和谐，社会各系统各阶层的和谐，个人、社会与自然的和谐，整个国家与外部世界的和谐。在这五个和谐中，最重要的是人与人之间的和谐。

在活动策划中的和谐理念，主要指活动策划的各环节之间搭配协调、活动内容与主题协调、活动内容与参与人员协调，以及活动组织过程中各环节之间能够协调等。从老年人活动的本质来看，通过组织老年人参与活动促进

老年人的老年期的社会适应，这本身就存在和谐的含义。老年人活动的对象就是老年参与者本身，活动提供幸福快乐供老年人分享，使老年人重焕生活的激情，促进了个人与群体、个人与自然、群体与自然的和谐关系。独乐乐不如众乐乐，在活动设计上就要体现同舟共济、团队合作、群策群力等人文精神。同时，老年人活动还应该成为体现地方文化、风土人情的重要载体。

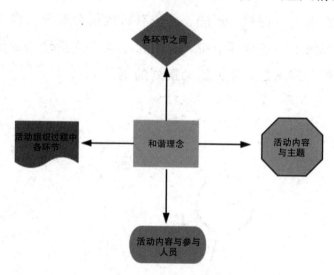

图 3-3　和谐理念示意图

2. 人本理念

人本就是以人为本。老年人活动的目的要体现对老年人的关怀。人是活动举办过程中最活跃的因素，以人为本包括了以下三方面的内涵：首先是活动参与者的意愿和诉求，应充分听取和了解委托机构和老年人的意见和想法；其次是活动能够吸引、方便更多人参与其中；最后是老年人活动要符合人们的审美需求。

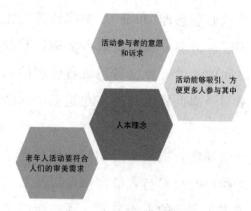

图 3-4　人本理念示意图

子任务三　遵循老年人活动策划的原则

老年人活动策划因其专业、烦琐、涉及面广的特性，增大了活动策划难度。因此，要顺利进行活动策划并取得成功，就必须遵循相应的原则。这些原则归纳起来有以下几种。

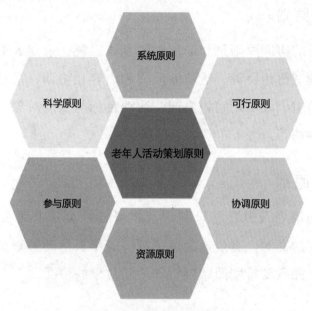

图 3-5　老年人活动策划的原则

一、科学原则

策划尽管可以被理解为一门艺术，但也必须以科学的策划方法作为手段。老年人活动策划的第一个原则就是科学原则，即需要科学理论，依靠科学方法。

二、系统原则

坚持系统原则就是要把策划作为一个整体来看，在系统整体与部分之间的相互依赖、相互制约的关系中进行综合分析，强调老年人活动的整体性、全局性、效益性，对系统中各个部分的策略做统筹安排，确定最优目标，以实现决策目标。

三、可行原则

老年人活动的可行原则就是要从实际情况出发（如对象的年龄、性别、体能、智能等方面的特点），使活动切实可行，内容和形式必须具有前瞻性和吸引力，同时也不脱离实际，具有可操作性。

四、协调原则

老年人活动的协调原则是和谐理念的具体表现。策划人员需要关注活动主题与主办机构意愿相协调，活动的形式和内容相协调，活动内容与举办地点相协调，活动组织人员之间相协调，活动目标与活动对象、活动组织者和社会的实际相协调等。

五、资源原则

老年人活动策划人员要尽量利用其本身或社会现有可提供的设备及资源，同时发掘新的资源，有效地运用资源。老年人活动策划应考虑到老年人的兴趣和需要，并且要特别照顾到特殊活动对象的情况。

六、参与原则

老年人希望活动中能有参与的机会，参与性也是老年人活动所追求的。活动应让老年参与者能有整体的参与，使他们感到本身的价值和重要性。另外，活动相关利益群体代表全程参与活动的策划决策，以便策划者能充分听取相关代表的意见和建议。

子任务四　掌握老年人活动策划者应当具备的素质

老年人活动策划要素中最重要的是活动策划者，他是参与者能否自由自在、独立自主与互动交流的情景下，进行活动体验的灵魂人物，也是引导老年人活动达到参与者期望要求的主要动力。

老年人活动策划者必须尽可能了解和掌握当今社会发展的新理论、新技术，努力让自己成为复合型的具有强烈创意意识、敬业精神的高级人才，要对信息有高度的敏感性，做一个有思想的社会人、经济人、文化人。综合性素养要求策划人必须具有丰富的阅历、深厚的功力（理论基础）、博智的头脑、锐利的眼光，具备较强的文案写作能力、外语表达能力、计算机应用能力，熟悉相关法律法规等。

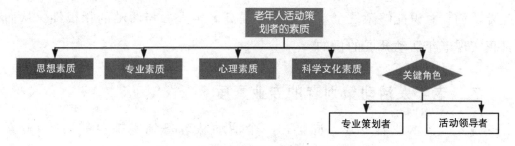

图3-6 老年人活动策划者的素质示意图

一、老年人活动策划者的思想素质

"创意"不仅是活动的灵魂，而且是社会发展进步的要素。有了一个好的创意，活动便会事半功倍。老年人活动策划者开展的活动能被老年人以及家属等相关人士所接受并认可，就更离不开合理的安排、精心的设计、巧妙的构思。因此，建立一种清晰合理、开拓创新的思维轨迹是办好活动的基础。创意思路的优劣，主要区别在于思维方式的不同，具有"灵感"的活动常常带着时代的气息与强大的生命力。正确地定位活动我们需要做到以下几点：

1. 正确分析活动的目的、宗旨

一切活动的开展都有其特定的目的，需求—创意构思的定位，我们的活动只有满足了广大老年人的需求，活动才会出现积极、温馨、健康的局面。所以，对活动的定位首先要知道所办的活动面向的对象是谁，通过活动能满足他们什么需求或者能让他们得到什么样的锻炼和收获，从此出发，才保证了活动的意义和目的，才有可能激发思维去进一步思索如何去筹备活动。

2. 创新意识

创新意识是突破活动原有模式并进一步开拓前进的有力武器。老年人相关的活动有很多，也有很多成为企业或者机构的精品活动，如何能够进一步激发这些精品活动的活力，需要策划者在传承的基础上"与时俱进"，不断地丰富其内涵和增加文化的沉淀。创新思维源于灵活、开放的思路，这就要求活动策划人员努力学习，扩大知识面，从而使自身的创造性思考的能力常思易新。

同时，创新也要求我们利用一切可利用的手段对之前所举办的活动进行细致全面的分析、整合、研究，即"以史为鉴，以史为机"，以此产生创意。此外，创新意识能够激发全新的思维，提高老年人参与活动的积极性，从而真正实现老年活动开展的目的。

二、老年人活动策划者的专业素质

古人云：术业有专攻。同样，一个活动从筹备到实施也需要"专业素质"，这种专业我们可以俗称为策划活动的本领，在进行老年人活动策划时我们可以从以下几个方面提高自身的专业素质。

1. 心思缜密，统领全局

"细节决定成败"，它同样是一个优秀活动策划者必须具备的本领之一。任何事情从量变到质变都不是一个短暂的过程，如果没有持之以恒，做好每一个细节的务实精神，就达不到"举重若轻"的境界。

对于一次活动，其基本程序一般人都能想到，而细节如果没有注意或者处理不当，就会造成冷场甚至影响活动的正常进行。回想我们所办的老年人活动，有因为没有暖场节目而迫使活动"中场休息"的；有因为没有评分标准而使评委感到茫然的；有因为投影仪、音响设备或笔记本电脑的故障而使活动不能顺利进行的。虽然我们不可能使每次活动都万无一失，但只要我们用心去做，还可以做得更好。因而缜密的思维是活动尽可能少地出现失误的保证。事实证明，高质量的活动都是注重细节的，而其活动策划者也必须是心思缜密的人。

2. 语言、文字表达能力

一个好的创意或一个优秀的活动策划方案，最终要靠语言和文字来表达才能被别人所接受和执行。在整个活动流程中，活动策划者充当的是"导演"兼"编剧"的角色，因而清晰的逻辑思路、修辞能力，以及声调、肢体语言以及表情的搭配和基本文书书写就显得尤为重要。

有了较强的语言表达能力，就为良好的沟通架起了桥梁，也为活动的成功奠定了基础。语言的简明、连贯、得体是我们培养语言表达能力的基础和核心，因而在日常的交际中大家都一定要注意这一点。与语言表达能力相比较，过硬的文字表达能力一方面有助于活动更加有序合理，另一方面也能通过文字记录活动的从开始策划到最后结束的整个过程积淀机构文化，从此意义上讲文字表达能力更加重要。

3. 组织管理能力

优秀的"导演"还应具备较强的组织管理能力，因为每一次活动涉及的活动宣传、节目彩排、会场布置、物品筹备、邀请嘉宾等工作，不可能靠一个人来完成，这就要求活动策划人员具备较强的组织管理能力，能合理地分配时间、对人员能进行合理调配、对物品能进行妥善管理，特别是在用人上要扬长避短，合理使用。

用人贵在"才取其长，用当所宜"。只有扬长避短，科学安排，合理使用，使每个成员的特长都能最大限度地发挥出来，才能调动其积极性，使其干起工作来，得心应手，勇于开拓。另外要对成员充分信任，放手使用。用人不疑，疑人不用，对所有成员一视同仁，公正对待，不能厚此薄彼。把"用人问题"解决好了，其他问题都可迎刃而解。总之较强组织管理能力能使活动的一切程序都按步骤、有条理地进行。

4. 协调和沟通能力

协调和沟通，一方面是指在工作当中与本部门之外的人员进行交流，以此获得帮助、支持或关注；另一方面是指在本组织内部对人员工作及时检查和反馈。通过有力的协调和沟通能在活动中及时"纠偏"从而保证了决策的正确性。比如说我们策划的某项活动，经费预算大大超过了部门（主要是社工部）的承受能力，此时就需要与办公室等行政部门进行沟通，以获得帮助。还有在内部工作中，因特殊原因原有岗位的工作人员缺席，此时就需要协调其他人员补充该岗位，否则就会影响整个进程。

5. 良好的工作作风

（1）雷厉风行、勤奋务实。

一切策划最终都要靠行动来完成，而这种行动要求我们必须雷厉风行、勤奋务实，如果在工作中拖沓、懒散、工作没人干或者不实干就势必会影响活动的进程或者会扼杀一个好的活动的诞生。

（2）讲求民主、集思广益。

活动策划和组织是需要一个战斗力强、充满人性化的团队来执行的，因而必须讲求民主，只有讲民主，才能碰撞出思想的火花。我们都知道，拿一个思想与别人交换，那我们得到的就是两个思想，如此不断地聚合集体的智慧，那活动必然丰富多彩。同时讲求民主、集思广益也是树立个人威信的有效途径，因而活动策划者具备了这样的工作作风，必然能得心应手地开展工作。

三、老年人活动策划者的心理素质

良好的心理素质是人格魅力的重要体现，也是活动策划者必须具备的条件，马克思主义哲学认为"物质决定意识，意识对物质具有能动的反作用"，这种反作用既会促进客观事物的发展，也会阻碍其发展。因而，良好的心理素质显得尤为重要，除了积极乐观的心态外，老年人活动策划者要做到以下两点：

1. 有较强的心理承受能力

在举办活动的过程中通常会有一些意想不到的事情发生，或许是因为活动的成功，你会得到更多的鲜花和掌声；或许是因为活动的失败，别人会对你横加指责；或许是你的努力付出换来的是不甚理想的效果。但是不管怎样，我们都要牢记这项活动是"我"策划的，办得好与不好，对我们来说都是一种收获。因为通过活动我们既能锻炼能力，又能积累更多的经验，而且会激励和引导我们在以后的日子里策划出更好的活动。

2. 自信

自信不是自负，也不是自大，我们要求活动策划者要树立科学的自信，克服盲目的自信，科学的自信是指能够辩证地看待活动中的有利因素和不利因素，并在策划活动过程中发挥自己的长处，巩固自己的优点，其实这种自信的基础就是对活动周密的部署和完善的准备。

四、老年人活动策划者的科学文化素质

从事老年人策划工作的人员都应拥有比较完备的科学文化素质，为后续活动打下坚实的基础，同时也应具备较强的自学能力。关于老年或老年人相关的专业知识、较为典型的案例，对我们举办活动都有重要的指导和借鉴意义，因而学好科学文化知识对举办活动十分有益。

同时，只有学好科学文化知识，才能全身心地投入工作当中。处理好学习与工作之间的关系是每一位活动策划者必须具备的素质。

五、老年人活动策划者的关键角色

活动策划者在组织老年人活动策划与拓展等方面是关键性角色。所以活动策划者应具备以下认识，才能扮演好自己的角色，成为老年人活动的关键人物。

1. 活动策划者是专业策划者

活动策划者最基本的条件，是必须拥有老年人活动相关领域的专业知识与技能，具备活动策划协调、执行和评估能力，并且社会、机构及组织认同活动策划者的专业地位。一位专业活动策划者策划老年人活动方案时应先了解老年人的活动需求与如何组织老年人活动，再策划促进老年人活动体验效果的活动方案，这样才能使自己策划的活动符合老年人活动组织的要求并满足参与者的期望。策划的重点是以参与者的需求为导向、服务为中心及提供精神满足为目标的信念，并且依据不同群体设计多元的老年人活动，为参与者创造一个促进老年人活动体验的优质环境，使参与者获得能满足期望的活动体验。

2. 活动策划者是活动的领导者

活动策划者不只是专业策划者，更是活动的领导者，是活动参与者与活动组织者之间重要的沟通中介。活动策划者是否具备领导能力，是活动是否能顺利进行的重要因素。一位卓越的活动策划者除了必须具备领导职能外，还需具备诚实、称职的能力，以及聪慧、公正、心胸宽大等特质。

 **实践训练**

1. 如果你要在某个养老机构组织一场大型春节联欢活动，请谈谈如何在策划过程中体现本任务中所讲的两大策划理念。

2. 试着运用可行原则，对一个老年棋牌竞技活动进行主题、内容和举办流程的策划。

任务二

运用老年人活动策划方法和程序

 任务目标

知识目标

1. 了解策划者创意来源。

2. 掌握常见老年人活动策划方法。

3. 学会设计老年人活动策划的程序。

技能目标

1. 能运用老年人活动策划方法进行主题创意。

2. 能运用老年人活动策划程序进行主题设计。

 **任务分解**

子任务一 了解策划者创意来源

活动策划者除了要有深厚的知识积累、丰富的经验和发散性的思维外，掌握正确的方法也十分重要。通常情况下，创意并非完全从天而降，创意的方法主要依靠激发，个人的意识培养也十分重要。

一、主动培养创意意识，克服惰性思维

从人的大脑结构来看，与创意相关的应当是右脑思维。但右脑能力的培养，除了遗传外，更多的是要靠主动记忆和观察。因此，策划人应当具备主动的意识，在生活和工作中，克服惰性思维，多看、多听、多想，留心观察生活中的细节。

二、突破思维定式，训练发散思维

创新意识或发散思维是创新活动中的思维，通过标新立异，发明或创造出前所未有的新思想、新观念和新理论。只有勇于突破现有的思维定式，才能从不同的角度来关注所研究的问题，从而获得创造性的发现和结论。

三、寻求诱发灵感的契机，提高想象力

想象力是直接创新思维的力量，是创造力的源泉，人类所有重大的基础科学理论、艺术创作和策划工作，都起源于想象力，这也必须以弘扬以爱国主义为核心的民族精神和以改革创新为核心的时代精神为基石。因此，作为专业的活动策划人，还应时刻关注各种能够诱发灵感的资讯和事件。

子任务二　掌握常见老年人活动策划方法

老年人活动策划是一门艺术，更是一门科学。在进行老年人活动策划时，策划者需要有系统化的技术、方法和工具的支持。"工欲善其事，必先利其器"，如果说老年人活动策划的理念和原则是事关活动性质和方向的务虚问题，那么策划方法则是务实问题。老年人活动策划实践中常用到的方法有以下几种。

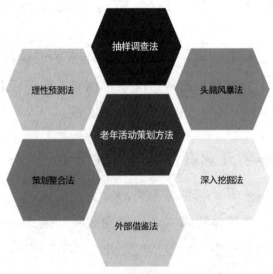

图 3-7　老年人活动策划的常用方法

一、理性预测法

策划是针对未来要做的事情，做当前的谋划与决策。对未来的谋划与决策必然会面临着许多不确定因素，怎样将这些不确定因素带来的风险降到最低，靠的就是策划人的预测本领。策划人靠什么来预测未来呢？理性预测法回答了这个问题。理性预测法是指通过分析老年社会文化经济发展等综合信息，预测老龄化社会的发展趋势、老年期社会适应的新问题新需求、活动理念的转变、技术发展前景，顺势而动，策划全新的老年人活动。这种方法是立足于对未来趋势的判断，策划出乎意料，又在情理之中。

二、抽样调查法

抽样调查法是社会调查的重要方法之一，是指按照一定方式从调查整体中抽取部分样本，用样本结论说明总体情况的一种调查方法。可分为随机抽样和非随机抽样两大类，常用到的抽样方法有：简单随机抽样法、分层抽样法、等距抽样法、配额抽样法等。抽样调查法是目前国际上公认和普遍采用的调查手段，其理论基础是概率论。

三、头脑风暴法

在老年人活动策划中使用头脑风暴法，目的是让策划者敞开思想，共同讨论，使各种设想在相互碰撞中激起脑海中的创造性风暴。它考虑多种可能性解决方案，是提升思维创造力的集体训练法。其基本原理是只专心提出构想而不加以评价，不局限思考的空间，给予欣赏不予否定，鼓励想出更多的主意。该法有四条规则：①讨论者畅所欲言，自由表达自己的想法。②不互相指责。③鼓励自由地提出想法。④欢迎完善别人提出的方案。经验证明，采用头脑风暴法提出方案比同一些人单独提出方案的效果要好。

四、深入挖掘法

深入挖掘法是指分析各种各样的同类老年人活动，对其重新进行名称、理念、内容等的定位，利用传统资源，策划和开发满足老年人需要的活动，既发挥了传统资源的优势，又赋予活动以和谐的开展理念，并富有时代气息。进行这类活动策划一定要注意对传统资源进行合理与适度的提升和开发，避免因深度挖掘不足而导致缺乏内涵和吸引力低，或因过度提升和包装而导致的对传统资源的滥用等问题。

五、外部借鉴法

外部借鉴法指直接引进或模仿其他国家和地区的活动名称、形式、内容而为我所用的一种策划方法。这种方法应注意的是，要与所借鉴的活动展开差异化定位，要体现自己的特色，在借鉴的同时求创新。

六、策划整合法

策划整合法是对多个活动进行整合，取长补短，实现边缘性新思维的策划。整合是各种资源的集中互补，是各种活动要素协调配置的重组。通过整合推陈出新，对多种老年人活动进行主题整合、内容整合、形式整合、组织运作整合，不仅可使内容丰富，主题更加集中，还会大大提高组织运作效率，增加老年人工作者交流的热情，提升举办活动的亮度。

子任务三　设计老年人活动策划的程序

老年人活动策划是一项系统性工作，是遵循老年人活动规律，按照一定的科学合理的流程进行的工作。老年人活动策划的程序是指在策划过程中必须遵循的相对规范的过程及步骤。

一、老年人活动策划程序的基本思路

老年人活动策划程序的基本思路包括五个"W"，这五个"W"分别代表了五个相互关联的问题，涵盖了老年人活动策划程序中的概念和主体内容形成的诸环节。

表 3-2　五个"W"

五"W"	解　读
Why	为什么举办这个活动？需要说明活动的目的、意义、宗旨和方向。
Who	谁是活动的受益者？需要说明活动参与者、赞助人、组织者、发起者、承办者、媒体、管理部门等。
When	什么时候举行？需要说明活动的季节气候、具体时间，考虑到季节性因素、活动与传统节日、双休日、时间协调和交通拥堵情况。
Where	在哪里举行？需要说明活动所处的地区气候，是风景区还是闹市区，是海滨还是山区，是大城市还是小城镇。
What	活动主要内容是什么？需要说明主题活动分为哪几个部分，每个部分的关键环节是什么，每个部分的亮点何在。

二、老年人活动策划的基本流程

老年人活动策划的程序大致可以分为以下六个阶段。

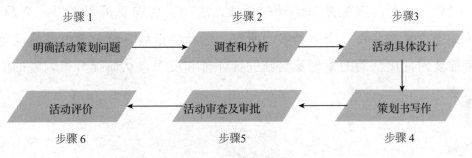

图 3-8　老年人活动策划流程示意图

1. 明确活动策划问题

策划者需要与委托方或上级领导进行沟通，明确活动策划的目标、意义、宗旨和方向，条理清晰地列出策划的范围、内容及过程中的重点内容。

2. 调查和分析

老年人活动策划必须充分考虑老年人的需求和偏好，寻找具有新颖性、特殊性的活动主题。还要了解活动中各利益相关者（如举办方、当地社区、赞助者、媒体、合作者、参与者和观光者等）参与的动机和目的。

3. 活动具体设计

活动具体设计是将活动设想具体化，按照实际操作的需要进行细节策划和设计的过程。在活动的具体设计环节，策划者需要从实际的运作角度考虑，对活动的场地、时间、流程、内容、配套服务等进行详尽考虑。

4. 策划书写作

策划书是策划方案的成果表现形式，是策划思想的实质性载体。因此，作为老年人活动策划人，需要在策划方案确定之后，制作一份完整详尽的策划书，并将其提供给活动组织者或其他有需要的部门。

5. 活动审查及审批

《中华人民共和国行政许可法》第二十九条规定：公民、法人或者其他组织从事特定活动，依法需要取得行政许可的，应当向行政机关提出申请，待取得相关部门批准后方可实施。其中的特定活动主要指：直接涉及国家安全、公共安全、经济宏观调控、生态环境保护以及直接关系人身健康、生命财产安全等的特定活动。因此，在具体实施与控制前，某些活动还需要得到相关管理部门的审核、备案和批准。

6. 活动评价

老年人活动的实施并非活动的全部，活动策划需要策划者以一个循环、提升的态度来对待每一个策划案。所以，活动结束后，策划者以及活动组织方都需要对此次活动的策划及实施进行评价和反思，从而提升策划者的能力和水平。

 实践训练

1. 在你的班级选取同学组成小组，使用头脑风暴法，开展一次以端午节老年人活动为主题的讨论。

2. 运用五个"W"的方法，策划一次老年人服装秀活动。

任务三

设定老年人活动目标并做好内容策划

 任务目标

知识目标

1. 掌握老年人活动目标和内容策划的主要内容。

2. 理解老年人活动目标和内容的关系。

技能目标

1. 能理解老年人活动目标表述，并灵活运用。

2. 能运用老年人活动内容的设置、编排与要素进行活动策划。

 **任务分解**

子任务一 设定老年人活动策划的目标

老年人活动的目标，是指通过老年人活动所要达到的预期目的。老年人活动的目标作为实践活动的第一要素，规定了老年人活动的方向，指导和支配着整个活动过程，也是老年人活动评价的重要依据。

一、老年人活动目标的取向

由于策划者对老年人的社会适应、社会需求及老年人活动的不同理解，在策划中就体现出不同的价值观，从而表现出不同的目标取向。概括来讲，老年人活动目标的策划取向主要有：行为目标、生成性目标和表现性目标。

图 3-9　老年人活动目标

1. 行为目标

行为目标是以老年人可观察和可测量的行为为陈述的目标。比如，在"我很棒"的交流活动中，把活动目标设计为"老年人说出自己最得意的三件事"，这就具体表明了老年人在活动中将要做什么和期望的结果。这样的目标表述就比把活动目标设计为"让老年人感受过去的成功"更有利于实施。

2. 生成性目标

生成性目标是在活动过程中生成的目标，强调老年人参与活动的过程，是参与者和组织者在与活动情境交互作用过程中所产生的目标。如提出"满足老年人的好胜心，保持思维的主动性""让老年人接受他人帮助，与人合作"等都是生成性目标的体现。与行为目标的具体明确相比，生成性目标具有一定的模糊性和不确定性。所以，这也对策划者的专业素质和能力提出了较高的要求。

3. 表现性目标

表现性目标强调的是个性化，指向的是激发老年人的积极性。所以，表现性目标并不预先规定老年人的行为变化，而注重每一个老年人在与环境的交互作用中所具有的个性化的表现，这对于老年人个性的充分展示很有益处。如"包粽子"的活动，如果从表现性目标的角度设计，策划者关注的就不是"掌握包粽子的过程"，而是"讨论关于包粽子的有趣之事"或"表达对包粽子的偏好"等。因而，表现性目标在一些观赏活动、文学创编活动或智力活动中体现得比较多，它也对策划者专业素质和能力有比较高的要求。

小贴士

对于活动的目标，策划者要换位思考。想象一下：如果自己是一位参与活动的老年人，我希望这个活动是怎样的？我希望能从活动中获得什么？换位思考，真正以老年人为中心，而不是为做活动而做活动。这样，我们就能真正了解活动对象的诉求。活动目的明确以后，其他内容都可顺势而下了。

总之，在活动策划中，将行为目标取向、生成性目标取向、表现性目标取向相结合，体现了老年人的主体价值和个性保持的追求。策划者应全面辩证地看待行为目标、生成性目标和表现性目标的关系，根据老年人身心特点和社会发展的需要，科学合理地设计老年人活动目标，从而促进老年人整体和谐地适应老年生活的变化。

二、老年人活动目标表述

1. 老年人活动目标表述的形式

老年人活动目标的表述形式多种多样，若从老年人活动的主体看，主要有两种方式：表述组织者行为和表述参与者行为。前者从组织者的行为出发，说明组织者在活动中应做什么，如"为老年人提供……""重点示范……动作"。后者是从参与者的角度，表述老年人的行为变化。由于老年人活动策划有不同的取向目标，所以，具体表述老年人活动目标又包括三种形式：行为目标、生成性目标、表现性目标。

（1）行为目标。

行为目标列出的是一系列可以观察或测量的老年人活动行为变化的结果。如某一美食活动的行为目标之一是"参赛老年人现场烹饪菜肴，讲解其特色，请观众品尝"。在此，"烹饪""讲解""品尝"都是可以观察的老年人活动行为变化的结果，清楚地表明行为的条件和具体的行为内容，非常具体明确。

（2）生成性目标。

生成性目标是用行为变化的过程来表述目标，包含一些表示行为过程的动词，如"通过旅游照相制作影集《快乐的旅行》"、即兴讲述故事、有表情地表达等。生成性目标关注的是老年人活动过程中各种感受和活动兴趣的提高，而不是特定的行为结果。

（3）表现性目标。

表现性目标，它鼓励老年人在活动中表现某种程度上与他人不同的特点，而不关注事先规定的老年人行为变化的结果。如茶话会活动目标"清楚连贯地谈论自己最得意的一件事，表达自己愉快的心情"就是一种表现性目标的表述形式。

在老年人活动目标策划中，行为目标是基础，生成性目标和表现性目标可以看作行为目标的补充形式。策划者在老年人活动策划中，可以根据需要确定表述形式。

小贴士

制定老年人活动目标要确认目标是否符合老年人活动需求，并在活动策划时要考虑老年人的基本需要和老年群体的特殊性，以增加老年人参与活动的动机。

2. 老年人活动目标表述的要求

(1)表述要具体。

老年人活动目标的表述要具体明确，具有可操作性，能指导、调控组织者的组织过程。如"掌握合唱的基本要求，感受集体的温暖"，该目标的表述就比较具体、明确，比笼统地确定"提高老年人的音乐素质"对活动更有指导意义。

(2)以行为的表述为核心。

一个完整的目标表述包括行为、条件、标准等。其中的核心是行为的表述，通常在表述中很容易用活动的过程或方法手段来代替行为目标。如"老年趣味运动会"目标之一：引导老年人通过生活实践，对运动产生兴趣。"祝福花篮"的活动目标之一：引导老年人观察、想象制作花篮的程序。如要准确围绕行为来表述各领域活动目标，上述目标就应改为"通过参与活动增加老年人对运动的兴趣"和"通过制作或赠送花篮，与他人保持友好的关系"。

(3)表述角度要统一。

老年人活动包含了组织者与参与者两方面的互动。因而在表述活动目标时，我们既可以从组织者角度出发确定活动目标，表述组织者期望获得的活动结果；也可以参与者为出发点，表述老年人应该感受到的和能够做到的。我们常用"促进""引起""帮助""启发""提高"等词语表述组织者的目标，用"学会""实现""完成""掌握""领悟"等词语表述参与者的目标。但是，无论从哪个角度表述活动目标，都应注意出发点要一致，即有统一的表述角度。如"关注老年人们的情感需求，唤回温馨记忆，放飞美好愿望，带走忧伤烦恼，营造社区大家庭般的和谐氛围"这个目标表述的角度就不统一。"关注""营造"是组织者的角度；"唤回""放飞""带走"是参与者的角度。

子任务二　做好老年人活动的内容策划

老年人活动内容是实现老年人活动目标的载体和对象，与老年人活动目标紧密相连。所以，策划者在明确老年人活动目标的基础上，还需要对老年人活动内容的含义、类别等加以详尽分析，并合理编排老年人活动内容，以保证老年人活动目标的实现。

一、老年人活动内容的含义

老年人活动内容是指为实现活动目标，要求老年人在活动中获得的行为经历、感受和变化的总和。对于老年人活动内容的理解，可以从两个方面把握。

首先，内容是为目标服务的，老年人活动的内容以老年人活动目标为依据，老年人活动内容的选择和编排以实现老年人活动目标为原则，要保持与老年人活动目标的一致性。

其次，老年人活动的内容不仅仅包括具体的活动成果和活动经验的展示，还包括老年人在活动过程中所具有的态度、价值观以及相应的行为方式。

对老年人活动内容的分析以老年人活动目标为基础，旨在规定老年人活动内容的范围和深度，并揭示活动内容各组成部分的联系，以保证活动内容最优化的效果。老年人活动内容的广度，为多层次老年人积极参与活动提供了最基本的条件。而老年人活动内容的深度，则是老年人在活动过程中身心受益的程度。

二、老年人活动内容的设置与编排

老年人活动内容的选定和设置是影响老年人活动效果的重要因素之一。因此，关于老年人活动内容的设置和编排也就成为活动策划者和实践者的核心任务之一。由于当前的老年人活动呈现以专项领域整合为特色的主题框架结构，因而对于老年人活动内容的设计和编排也将以主题线索作为讨论的前提。

1. 从兴趣入手

老年人活动中的互动交往，使得活动过程充满了变化因素。从老年人的兴趣入手设计和选编老年人活动内容，体现的是老年人活动的生成性。从生成的理念出发，策划者在老年人活动内容的设定中应当以老年人的兴趣为活动生成的出发点，以老年人感兴趣的活动主题带动和引导老年人的适应转化。如老年人活动中心从别的社区请来了"中老年环保时装模特队"，表演过后，老年人们对时装产生了浓厚的兴趣，纷纷围着组织者咨询，表现出想尝试表演的强烈愿望。组织者根据老年人们的兴趣点及时地组织了一次以"做时装，演模特"为内容的活动。老年参与者在组织者的引导下查找相关资料，准备相应材料，他们分成自愿报名的若干个小组(灯光组、道具组、服装组、舞台组、配音组等)，在共同的分工和协作活动中，老年人们的兴趣得到了满足，体会到了合作和成功的乐趣，也保持和发展了他们协作、交往和动手等方面的能力，同时也获得了良好的社会支持。

2. 从经验入手

老年人是在与周围环境相互作用的过程中获得经验的，老年人做任何事都离不开他们的经验基础。因此，老年人活动内容的设置和选编也必须考虑到以老年人的经验为基点，所设定的活动内容应贴近他们的生活经验范围。只有来自老年人生活经验的活动内容，才符合他们的认知水平，才能引发他们的探究兴趣，唤起他们的表现欲望，进而获得预期的效果。

3. 从联系入手

在设计和安排老年人活动内容时，从联系入手包括两层含义：一方面，是指关注活动内容中所涉及的概念之间纵向发展的联系，确保由已知到未知，由整体到部分，由一般到个别，不断分化。一般来说，从已知的、较一般的整体中分化出细节，要比从已知的细节中概括整体容易些。另一方面，是指要注意活动内容之间的横向联系，从横向方面加强活动内容所涉及的相关概念之间的协调衔接。活动内容的编排如果从那些最一般、最具包容性的概念入手，如"快乐老年""风雨人生""教子有方"等，往往能在多样的活动情境中为老年人认知结构提供固定点，帮助老年人进行类似活动。

三、老年人活动内容要素组成

举办一场活动，不必拘泥于方法。如果活动只是一味地追求更热闹、规模更大、规格更高，则会耗费很多资源，如人力、物力，所以要根据活动的具体情况来合理地安排活动内容要素。为了合理利用这些内容要素，我们需要分别从以下几个方面做好准备：

1. 目标

明确定位活动的目的，确保每一场活动都有需要达到的目标。活动的目标是为了提高老年人的身心健康，还是为了增加企业或者机构员工的凝聚力？是为了表彰企业或机构业绩杰出人士，还是进行品牌宣传？是庆祝完成目标，还是鼓励团队建设？是否还期望这个活动会是某一场合，如公司年会或是重大开幕式的高潮和亮点呢？活动的目标必须是具体且可以量化的。

2. 主题

创立活动主题，主题的选择必须和目标相关联，更重要的是要令人过目难忘。很多企业或机构会举办一些拓展运动，如互动游戏等，以增进大家的团队意识。

3. 时间

设定活动的时间范围：活动何时开始？会在规定时间结束吗？还是参与者自行决定何时离开？

4. 预算

确定活动的预算，即举办这次活动企业或机构打算花多少钱？预算必须尽可能地详细。

5. 参与者

明确目标参与者。企业或机构活动是面向老年人的，面向老年人与家属的，还是面向员工的？参与者主要是男性还是女性，哪个年龄段的老年人会比较多？失能或者半失能以及失智的老年人会参与活动吗？企业或机构是否打算邀请员工家属或其他人员？

6. 场地

对活动场地进行现场查看，包括停车情况、餐饮设施以及其他的功能。

询问两个近期使用过该场馆的其他客户，可以问问他们的使用感受，便于我们能够更好地进行选择。

7. 交通

要考虑到任何可能的交通问题，除非活动只是面向某个小区或者机构内的老年人，否则一般情况下必须做一些交通上的安排。如果活动的参加者在某处入住，而活动却在其他场所举行，要了解参加者愿意从多远的距离赶过去。

8. 请柬

请柬要富有创意，这是为活动营造兴奋点的第一次机会。请柬必须和活动的主题相关，请柬中要包括回复的日期，并指定专门人员对回复情况进行追踪。

9. 细节

任何细节都不能因其细微而被忽视。比如，对于活动所提供的食物应该做到心中有数。参加者，特别是老年人有没有饮食上的忌讳？是活动场馆自身提供餐饮，还是计划从外部饭店订购？不管选择哪种方式，都有必要获取他们以往客户的名单，并向他们了解情况，最好能在活动前品尝一下。哪些娱乐节目，如音乐、舞蹈和小品是活动参加者喜闻乐见的？这也要征询参考意见。此外，也要考虑到将要使用的活动场所的装饰。餐桌上是否会有主要装饰物？室内会安排负责签名的人员吗？是否会有大型道具或舞台以配合活动主题？

10. 记录

对活动进行拍照录像，以供日后参考。除非有特定的原因不能对过程进行摄录，否则最好让摄影师和摄像师到场。照片和视频是重温活动的饶有趣味的方式。

以上就是老年人活动策划中的 10 个内容要素，如果还要再全面细化，我们可以从这些方面进行着手：时间，地点，规模，类型，主题，目的，协办单位，赞助单位，主体内容，配套活动，邀请名单，活动模式，宣传计划，开幕式，组织机构和人员分工，实施计划（财务计划、安全计划、接待计划），现场布置，紧急事件处理，新闻传播和报道，闭幕式以及效果评价等。

四、老年人活动策划的注意事项

1. 活动的对象要明确

首先要明确方案写给谁，活动对象指活动的目标人群，也是指能够参加活动的人，只有确定了目标人群才能明确活动应该采取什么样的活动形式，这也是决定一场活动能不能取得预期效果的一个重要环节。活动方式错误，那活动目标基本无法达成。确定了活动参与的对象就可以针对这个人群选定活动可以采用的方式。接下来的环节才可以一一落实。

2. 活动的目标要明确

策划这次活动要解决什么问题，为什么要做活动，活动的目的是什么？在策划整个方案时要时刻想着活动的目的，每个细节都向目标靠拢，跟目标没有关系的一概舍去。

3. 策划案中要有明晰的活动三个阶段

活动的三个阶段就是铺垫期、执行期、降温期。活动的主要阶段一定要有亮点。

4. 活动要有鲜明的记忆点

活动的三个阶段有明确的记忆点，每个阶段的记忆点一个就好。举个例子说，铺垫期——发邀请函了，凭邀请函还可领礼品；执行期——那个启动仪式真特别，是第一次见到这么有创意的启动仪式；降温期——活动结束还有礼品或者资料领取。

5. 注意细节

要确保执行得精彩，就必须考虑到每一个细节，真正把每个细节做到心中有数，细节是成败的关键。这个细节包括提案文件的格式，用词是否准确，有没有错字等。另外一个细节就是执行时间、流程、工作分工是否细致科学等。

子任务三　理解老年人活动目标与内容的关系

　　老年人活动目标与内容并不是一一对应的关系，即不是一项活动只达到一个目标，一个活动目标只能通过某一项活动来完成。往往是一个目标要通过多项活动实现，一项活动会指向多个目标。

　　如让老年人过好春节的目标就可通过"干干净净迎新春""欢欢喜喜送祝福""快快乐乐秀才艺""恭恭敬敬拜大年"等多个活动的组合来实现。一次爱国主义教育活动可通过"知识竞赛""朗诵赛""专题报告""座谈会"等一系列活动，使参与者在不同的活动过程和形式中更加生动、全面地了解祖国的历史，从而激起爱国热情。

　　如通过一次"放飞心情，踏青采叶"的清明节活动，就可以实现以下几方面的目标：①做风筝，提高手部动作的灵活性、协调性。②放飞风筝，为自己和家人祈福。③踏青采叶，创作叶画体味艺术的乐趣。④交流情感，分享合作的快乐。

　　所以，在确定老年人活动目标时，策划者应善于统筹、协调多个活动为目标服务。同时还应最大限度地发挥某一活动的功效，使得一项活动能实现多方面的任务。

 实践训练

　　用行为目标、生成性目标、表现性目标这三种方式，表述一个老年人手工活动的目的。

任务四

学会老年人活动策划案及相关内容

 任务目标

知识目标

1. 掌握策划书创作的主要步骤和内容。

2. 学会撰写老年人活动公告和邀请函。

技能目标

能撰写老年人活动策划书、活动公告和邀请函。

 **任务分解**

子任务一 创作策划书

老年人活动策划就是为了让老年人活动顺利进行，对老年人活动的全局的战略策划。把策划过程用文字完整地记录下来就是老年人活动策划书的写作。策划书的写法很灵活，没有固定的写作模式，因此这里只论述策划书的基本结构和基本要求。

一、老年人活动策划书的写作结构和要求

1. 活动策划书封面

活动名称的全称，点明所策划的是什么活动，是总体方案还是分项方案，是策划方案还是实施方案。

2. 标题

老年人活动策划书的标题通常由主标题和副标题两部分组成。主标题是

老年活动策划书的写作结构和要求

指活动的中心或者主旨。副标题由两部分组成：基本部分（活动性质和类型）和限定部分（人员、时间、地点、规模等）。

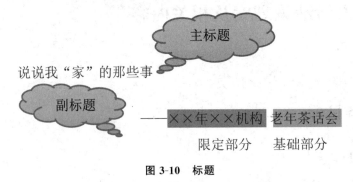

说说我"家"的那些事

——××年××机构 老年茶话会

限定部分　　基础部分

图3-10　标题

3. 活动背景

活动背景要求高度概括本次活动的社会和机构背景，能说明本次活动的重要意义，内容简明扼要，让人一目了然。内容可包括：基本内容简介，活动开展原因，在活动开展单位会产生什么影响，以及相关目的与动机。

4. 活动目的

说明此次活动的特性，老年人对于此次活动的需求达成的可行性，最终达到什么活动目的。表述上要求层次清晰，文笔生动。

5. 活动主题

活动的主题就是举办本次活动的中心思想，活动的主题必须十分鲜明，并能够用简明扼要的语言将其表达出来。以一个主题为整个活动线索、主旋律，围绕此主题进行活动与交流，体现活动的意义和通过活动所要达到的目的。有些活动比较复杂，用一两句话很难将活动的主题概括出来，因此还可以用活动的宗旨或举办原则之类的方式予以补充。

6. 参与人员

常用的描述方法为××社区或者××机构老年人。因不同的活动适宜人群不同，如有需要参与人员还可进一步具体，这里可描述推荐人群的年龄、身体状况、社会背景等内容。

7. 组织单位

主办单位、承办单位、协办单位统称组织单位。顺序应该是先主办单位，再承办单位，最后是协办单位。有些活动为了显示主管部门对于活动的重视，还可列明特别支持单位，还有赞助单位、冠名单位等。

8. 活动时间

在活动时间上除了应点明活动开始的时间外，还可说明活动分段的时间、结束的时间。

9. 活动地点

主要应点明活动的报到地点和主要活动的举办地点。如果有分项活动，还应点明分项活动或分会场的地点。

10. 活动流程

整个活动全过程，包括活动前、活动中和活动后所有环节所涉及的工作安排，具体内容需要有活动进度表、参与人员、期望的效果。如一场带老年人去超市购物的活动，描述方法可见表3-3。

> **小贴士**
>
> 为保证活动质量和老年人能顺利参与活动，可根据活动性质和具体内容，对参与老年人进行适度甄选。如身体健康状况不良，身体羸弱的老年人，便不适宜参加外出慢跑活动；如眼睛有残疾的老年人，便不适宜参加手工活动；如听力和语言表达有障碍的老年人，便不适宜参加茶话会活动。这里还要特别指出，如是老年党员活动，对于老年人的政治面貌有要求。

表3-3 流程示例

活动环节	内 容
活动前	1. ××（人员），联系××超市
	2. ×月×日通过广播室、各楼层护理站通知老年人报名参加，确定老年人人数
	3. ×月×日招募对应老年人人数的志愿者，一对一陪同老年人
	4. ×月×日制作老年人及志愿者通信录及一对一表格
活动中	1. ×月×日上午9:00老年人齐聚一楼大厅，9:00～9:20与志愿者配对、合影
	2. 9:30上车
	3. 10:10达到××超市
	4. 10:10—11:00在超市购物
	5. 11:00—11:10超市门口集合上车
	6. 11:40返回
活动后	1. 收集媒体报道文章及视频
	2. 发照片及视频在家属群
	3. 写活动总结并上报

11. 活动用品

何时何地，需要何种环境布置及哪些物品。

12. 人员安排

可以根据不同的活动环节，制定人员安排。

表 3-4　流程示例

环节	项目	人员	电话
活动准备	策划书拟定		
	策划书审核		
	场地申请		
	部门协调		
	活动经费		
	活动宣传		
	服装准备		
	评委、嘉宾邀请		
	奖品、礼品准备		
	道具准备		
	活动彩排		
	活动审核		
活动现场	摄影人员		
	饮食准备		
	音响、灯光		
	主持人		
	活动引导人		
	计分人员		
	场地布置		
	仪器设备		
	奖品、礼品颁发		
	现场、场外秩序维护		
	机动人员		
后期工作	卫生清扫		
	归还道具、服装		
	撰写新闻		
	资料整理、汇总		
	上交资料		

13. 经费预算

根据活动的需要和具体情况制定。

表 3-5　经费预算

项目	用途	数量	单价(元)	共计(元)	备注
……					
共计/元					

14. 备注

可包含以下内容，见表 3-6。

表 3-6　备注内容

项　目	内　　容
安全事项	对活动中的安全事项要提出明确的安全建议。
风险分析	对可能遭遇的经济风险、政策风险、自然风险、安全风险、不可抗力风险等方面的预先考虑，要有明确的规避风险的意见。
效益预测	对策划蓝图作前瞻性预测，促进投资者和策划委托方对策划书付诸实施的决策。

15. 落款

策划人的姓名和文本形成的时间。

16. 附件

主要点明随策划书一起呈送的附属文件。包括：预测策划前景的相关资料及相关的批文、批示；支持策划的权威性、可行性的系列材料。附件应注明序号，以便核对。

二、老年活动策划书撰写步骤

策划书创作的基本顺序如下：

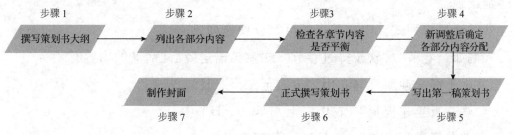

图 3-11　撰写步骤

子任务二　撰写老年人活动公告和邀请函

一、活动公告与邀请

1. 海报

活动公告的海报写作比较灵活，只要将活动时间、地点、内容这三方面写出来，其余方面可以自由发挥(见图3-12)。海报在结构上有标题、正文和结尾。

(1)标题。

①标题的位置可根据排版设计随意摆放。

②用内容作标题，如"××活动"。

③用文种作标题，直接写上"海报"二字作为标题。

④用主办单位的名称作标题，如"幸福老年人福利院"活动的海报，就可写成"幸福老年人海报"。

总之，要尽量使用能吸引人的标题。

(2)正文。

图3-12　海报

海报的正文要用简洁的文字写清楚活动内容、时间、地点、参加办法等。

①一段式。内容简单的通常只用三言两语，一段成文。如"×月×日下午×时，我院中老年运动队和××院中老年运动队在××进行友谊比赛，欢迎踊跃观赛"。

②项目排列式。内容稍多的可，分项排列成文。

例如，春节"欢欣鼓舞过春节，欢歌笑语送爱心"活动的内容有：

"干干净净迎新春"(农历二十六至二十八日)。

"欢欢喜喜送祝福"(农历二十九至三十日)。

"恭恭敬敬拜大年"(正月初三至初四)。

"快快乐乐秀才艺"：A."吉庆有余"烹饪表演；B. 挥毫写春联（正月十五日）。

③附加标语式。有的海报在正文首或正文末加上排列整齐的标语，起画龙点睛的作用。如"观念改变命运，知识影响人生""撒播爱心种子，传递健康理念"等。配上这类标语之后可起到渲染吸引作用，但切忌哗众取宠，招摇撞骗。

（3）结尾。

结尾的内容有主办单位、海报制作时间等。正文已把有关内容写清楚了，可以不设结尾。有的结尾还加上一些吸引人的口号，如"爱心无敌 勿失良机"之类。

二、活动邀请函

1. 针对公务人员/单位的邀请函

（1）格式要求。

邀请函一般由标题、称谓、正文、落款四部分组成。

①标题，即用大字书写的"邀请函"三字，在第一行中间，或者占用一页，当作封面。

②称谓，即被邀请者的单位名称或姓名，另起一行或一页顶格书写，姓名之后写上职务、职称等，如"同志""先生""女士""教授""经理""主任"等。

③正文，应写清活动时间、地点、内容、要求，并用"敬请参加""敬候光临""敬请届时光临"等语结束。

④落款，即发函者的署名与发函日期。

图 3-13 邀请函

(2)邀请函的形式要美观大方，不可用书信纸或单位的信函纸草草了事，而应用红纸或特制的邀请函填写。所用语言应恳切、热诚，文字须准确、简练、文雅。

2.针对商务或个人的邀请信(邀请书)

邀请信：邀请信是为了增进友谊，发展业务，邀请客人参加庆典、会议及各种活动的信函。

格式：称谓；开头，向被邀请人简单问候；内容、邀请原因等；活动的细节安排；联系人、电话、地址、落款、日期。

3.会议邀请函

会议邀请函是专门用于邀请特定单位或人士参加会议，具有礼仪和告知双重作用的会议文书。

(1)会议邀请函的基本内容。

会议邀请函的基本内容包括：会议的背景、目的和名称；主办单位和组织机构；会议内容和形式；参加对象；会议的时间和地点、联络方式以及其他需要说明的事项。

(2)会议邀请函的结构与写法。

①标题。由会议名称和"邀请函(书)"组成，一般可不写主办机关名称和"关于举办"的字样，如"××养老模式高级论坛邀请函"。"邀请函"三字是完整的文种名称，与公文中的"函"是两种不同的文种，因此不宜拆开写成"关于邀请出席××会议的函"。

②称呼。邀请函的发送对象有三类情况。

发送到单位的邀请函，应当写单位名称。由于邀请函是一种礼仪性文书，称呼中要用单称的写法，不宜用泛称(统称)，以示礼貌和尊重。

邀请函直接发给个人的，应当写个人姓名，前冠"尊敬的"等敬语词，后缀"先生""女士""同志"等。

网上或报刊上公开发布的邀请函，由于对象不确定，可省略称呼，或以"敬启者"统称。

③正文。正文应逐项载明具体内容。开头部分写明举办会议的背景和目的，用"特邀请您出席(列席)"照应称呼，再用过渡句转入下文；主体部分可

采用序号加小标题的形式写明具体事项；最后写明联系方式。结尾处也可写"此致"，再换行顶格写"敬礼"，亦可省略。

④落款。因邀请函的标题一般不标注主办单位名称，因此落款处应当署主办单位名称并盖章。

⑤成文时间。写明具体的年、月、日。

 实践训练

1. 撰写一份"××城市老年人广场舞大赛"活动策划书，并附上活动通知和活动邀请函。

2. 以下三个活动通知，哪个好？为什么？

活动通知（之一）

尊敬的各位爷爷、奶奶：

你们好！我们将于 20×× 年 11 月 13 日 14:30 开展"老年游艺会"的活动。无论您感不感兴趣，都欢迎您的到来，我们有礼品相赠哦！参与我们活动的老年人更能获得比赛和得奖的乐趣。

我们期待你们的加入，我们需要你们！

主办方：××学院老年人服务与管理专业

举办时间：20×× 年 11 月 13 日

活动通知（之二）

尊敬的各位爷爷、奶奶：

你们好！我们将举办一个"老年游艺会"活动。就是将老年人集合在一起玩一些生动、有趣的益智小游戏。无论您对此感不感兴趣，我们都期待您的到来。其间我们会有礼品相赠，而且参与了活动的老年人更能获得丰厚的奖品。

我们欢迎各位老年人的倾情加盟！

主办方：××学院老年人服务与管理专业

举办时间：20×× 年 11 月 13 日 14:30

关于举行"老年游艺会"的活动通知(之三)

尊敬的各位老年人：

你们好！

为了给大家带来更多的欢乐，我们特举行"老年游艺会"活动。

活动中有一些生动有趣的小游戏，人人都能参与。我们会有礼品相赠哦！

活动时间：11月13日(周二)14:30

活动地点：×楼阅览室

注意事项：记得带上您愉快的心情哦！

××办公室

20××年11月12日

任务五

做好老年人活动策划组织的现场管理

 任务目标

知识目标

1. 做好老年人活动时间管理。
2. 了解老年人活动场地布置及管理。
3. 掌握老年人活动人员管理。
4. 掌握老年人活动危机管理。

技能目标

能对老年人活动现场的时间、场地、人员、危机等方面进行灵活管理，随机应变。

 任务分解

子任务一　做好老年人活动时间管理

一、老年人活动持续时间

在活动前需要对老年人活动的持续时间（历时）进行估算，这是根据现有条件估算出完成这一活动所需要的时间。活动时间的估计是老年人活动进度中非常重要的工作，直接关系到各项任务的起止时间的确定，以及整个活动完成时间。活动持续时间的估算方法主要采用类比法，又称经验比较法。这是由老年人活动的负责人或具有丰富活动组织经验的人员完成的，可根据以前类似的实际活动时间来推测大致时间，是一种非常有效的方法。如不能较好进行事件估算，将有可能影响老年人的正常生活，以至于影响活动效果。

　　一般活动时间不宜过长，应控制在 1.5 小时以内，如果超过 1.5 小时，应安排中间休息，避免让老年人感觉劳累。例如，曾经有同学举行老年麻将比赛，由于错误估计老年人每局的完成时间，最终造成机构食堂都开饭了，活动还没有结束，最终只得草草收场。

二、老年人活动举办时间

1. 活动举办时间

　　对于大多数老年人而言，由于没有固定的上下班时间，所以可举办活动的时间相对比较宽裕，安排比较自由。但要考虑到老年人的生活安排和日常作息时间，尽量不打乱他们的常规生活。

2. 避开事项

　　为了保证活动效果，要避开恶劣天气（如酷暑、冰天雪地、狂风暴雨、雾霾等）的日子。如果老年人需要驱车前往，还要避开上下班高峰的时间段，节省老年人来回路途时间。

3. 休息时间

　　在活动中需要给老年人留出时间上厕所、短暂休息等。

4. 其他事项

　　在活动开始前，要了解老年人是否需要固定时间点吃药；如有，后勤人员需要按时提醒老年人。如果活动不是一次可完成的活动，在每次活动结束后需强调下次活动时间，且在下次活动开始前，用电话、短信、上门等方式再提醒一次活动时间。

三、老年人活动进度管理

　　进度计划是在确定老年人活动目标时间的基础上，根据相应完成的活动量，对各项过程的顺序、起止时间和环节衔接以及人员安排和物资供应进行的具体策划和统筹安排。为了有效控制老年人活动的进度，必须对影响活动进度的因素进行分析，提前进行有效沟通和协调，以免造成不良影响。

表 3-7　活动进度影响因素

因　素	内　容
资金	资金的影响主要来自政府拨款、企业赞助等，或者是由于没有及时给足活动预付款，或是拖欠了进度款，进而影响活动进度。因此，活动负责人应根据资金的供应能力，合理安排进度，及时督促预付款和进度款，以免延误时间。
利益相关者	只要是与活动进展有关的利益相关者（如政府部门、设计单位、赞助商、银行以及运输、通信、供电等部门），其工作进度的延后都必将对进度产生影响。因此，要充分发挥监督作用，保证对进度的控制，协调各相关单位之间的关系。
物资供应进度	老年人活动举办过程中饮食和必要的设施、设备等能按时抵达，且质量符合要求。
活动突发事件	在活动过程中，突发事件是难免的。比如，老年人临时改变想法，或者出现了意外情况等。活动策划人应加强审查，控制随意变更。
各种风险因素	风险因素包括政治、经济、技术以及自然等方面的各种不可预见的因素。
承办单位自身管理水平	现场情况千变万化，承办单位的方案不当、计划不周、管理不善、解决问题不及时等，都会影响活动进度。

正是由于上述各种因素的影响，进度计划的执行过程难免会产生偏差，一旦发生，要及时分析产生原因，采取必要的纠偏措施或调整原进度计划，这种调整过程是一种动态控制的过程。

子任务二　做好老年人活动场地的布置及管理

一、场地的选择

表 3-8　场地的类型

活动场地	内　容
室内场地	老年人活动常选择在固定的建筑物内举办，如会议中心、展览馆、活动室、电影院、宴会厅等。这种场地往往是永久性多功能的，经过装饰和调整一般可以适合举办不同的活动。
临时搭建的凉棚式场地	凉棚式场地指的是临时搭建的用来举办活动的暂时性场地，往往选择在无建筑设施阻挡、有一定范围的草坪、广场或其他较为平坦的开阔处。
露天场地	有些老年人活动由于流动性或活动性质和类型的限制，不需要顶棚，可以在有投影屏的地方、广场等露天场所，或有规定路线的街道上举行。如广场音乐会、运动会、老年草坪婚礼等。

表 3-9　选择场地应考虑的主要因素

因　素	内　容
活动的性质	如春游活动，就只能外出，不能在室内进行。
活动的规模	包括到场观众的数量、活动的级别、参加的领导嘉宾等内容。
场地条件对活动项目的适合性	如在室外举行老年人羽毛球比赛，在室内举行花车大巡游活动都不太适宜。
场地的区位因素	如活动举办地点交通是否便利，食宿游购等方面是否方便。如在院内，是否有电梯方便到达，是否有卫生间供老年人使用等。
设施设备要求	老年人活动组织者要考虑活动场地的照明强度以及场地的温度、湿度。场地尺寸、评委和观众席、停车场等方面是否适宜本次活动。出入口一定要能够确保畅通无阻，而疏散通道、急救车辆的通行区一定不能堵塞。

二、场地布置

老年人活动场地布置

活动场地的布置都必须围绕整个活动的主题而展开。在安排座位时，必须考虑到座位的类型——固定的还是移动的，老年观众数量，老年观众到来的方式。安全因素，包括安全门位置、过道位置和大小等。

小贴士

老年人活动现场，老年人座位安排需要特别注意，轮椅和行动不便老年人不能安排坐在通道出入口。如有人员需要出入，则会耽误较长时间，影响活动顺利开展。

表 3-10　主要的布置模式

模　式	内　容
剧院礼堂式	这种布置最前面是主席台，主席台有若干个座位(数量视会议需要而定)。观众从各个方向座位围绕主席台。这种形式多适用于参与人数多、较为正式的会议或主题报告、讲座等。
教室式	这种布置和学校教室一样，最前面是投影屏幕或白板，接着是主席台，主席台后面有桌子和椅子，中间留有 1~3 个走道，方便主持人走进老年人中间与大家交流。这种较剧院礼堂式，参与人数少，形式可自由活泼一些。
功能分区式	这种形式较为随意，有利于调动参会老年人的积极性。这种布置的形式多与酒会、饮食或者区域游戏结合在一起。
体育馆式	大多数的赛事采取体育馆式布置形式，座位设置在赛场四周，这种布置能提高观众对比赛的参与度。

续表

模式	内　　容
T形台式	主席台向观众区延伸，三面被观众席所环绕，能拉近表演者和观众的距离，便于观众欣赏。如老年时装秀可采取这种场馆布置模式。
U形或圆桌形	这种布置形式可以把观众和组织者连在一起，感觉更随意些，如茶话会等。

子任务三　做好老年人活动人力资源管理

一、老年人活动人力资源管理基本原则

1. 科学标准管理与个性化的人际管理相结合的原则

(1)确定标准。没有标准就不可能具有衡量评估实际绩效的根据。标准可以作为比较过去、当前和将来行为的准则。正常情况下，人都有其共同之处，因此无论人的问题多么变幻莫测，只要制定了具有弹性的相对完整的制度，任何人事问题的处理结果都会趋于一致和稳定。

(2)科学管理。老年人活动策划必须运用相关的科学知识及方法进行管理。科学的管理方法是确保活动达到目标的重要条件。

(3)尊重人才。一次老年人活动的成功，既不在于得天独厚的政策条件，也不在于雄厚的资金，而在于对全体组织者的有效协作，掌握正确处理人际关系的原则是赢得人才并有效运用的关键。其中，人格尊严、个别差异、相互激励是最重要的因素。

(4)人尽其才。世上少有无才之人，只有用才不当的混乱管理。常言道，"金无足赤，人无完人"，用人不能求全责备，而要用其所长。因而，人尽其才是人力资源开发与管理中必须遵循的一条重要原则。

2. 挖潜和培养相结合的原则

目前，尽管各种学校加速培养老年服务与管理领域的专业人才，但一时也难以满足现实需求。因此，老年人活动的人才开发应该坚持挖潜和培养相结合的原则。

(1)在社区内办培训班或送出去培养。

(2)挖掘现有人才的潜力。第一，将使用不当的人调到能发挥所长的岗位上来；第二，返聘或延长那些已到退休年龄但身体好的，适合做老年人服

务工作的人。

(3)轮岗。让有一定文化素质和组织能力的毕业生轮岗做更具挑战性的工作。

许多经验证明这些方法是行之有效的。

3. 教育与培训相结合的原则

老年人活动对策划者及活动推行者的素质要求越来越高，一方面，只有经过教育或培训的人员才能适应各种新观念和老年群体差异性的变化；另一方面，活动组织者可以要求工作人员学习活动手册，甚至进行培训，以保证工作人员的操作能力随着活动的要求而不断发展，长期保持进取的活力。

教育与培训是老年人活动推行中对工作人员施加影响的重要方式。这种影响方式可以使工作人员工作态度、生活习性到精神状态都发生变化，引导他们做出有益于活动的决定和行为，增强他们对工作效率的关切感和对组织的忠诚度。

二、老年人活动志愿者管理

志愿者是指不为物质报酬，基于良知、信念和责任，自愿为社会和他人提供服务和帮助的人。对于许多活动来说，志愿者是维系活动生命的血液，绝大部分的活动完全依赖志愿者的推动。能否有效地招募、培训和奖励志愿者成为许多老年人活动组织管理运作中一个关键的部分。志愿者通常参与的工作包括：引座员、礼仪员、计时员、行政人员、后勤协调人员、记录员、急救员、安全员等。

1. 志愿者招募

市民和互助性组织是志愿者来源的一个渠道。这些组织的使命之一是为社区提供服务，因此，这些组织可以招募志愿者。

另外一个渠道是高校或中学。有些地区的学校要求学生必须完成最低限度的志愿服务。有很多学校的学生组织数目很多，他们都有提供服务的任务和意愿。

吸引这些志愿者的关键是"我能从中得到什么"。因此，了解他们的要求，然后利用活动来帮助他们实现自己的目的，可以最终实现双赢。

2. 志愿者培训

参加老年人活动的志愿者必须接受三个基本方面的培训：活动基本框架、场地情况和具体工作任务情况。

表 3-11　志愿者培训

项　目	内　容
活动基本框架	应该向活动志愿者提供老年人活动的策划书，让其对活动有充分了解，能向每位老年人提供最佳的服务和可靠的信息。
场地情况	带志愿者在场地进行考察，有助于他们了解场地和设备，了解各个不同区域和服务程序。这一阶段也是讲解各类应急措施的最佳时机。
具体工作任务情况	参加老年活动的志愿者要了解并知道如何履行他们的工作职责，在他们接触到参加活动的老年人之前，要进行一些预演和角色扮演练习，有助于他们熟悉自己的工作。

3. 志愿者奖励

不要等到活动结束才对志愿者说"谢谢"。有很多组织通过发布志愿者新闻通报向他们表示感谢，另外一些组织则举行假日聚会表达谢意。给予志愿者表彰是建立一支强大有力、忠诚可靠的志愿者队伍的重要保障。另外，还可在志愿者团队成员中，开展类似的正当竞赛等。志愿者奖励可分为非物质奖励和物质奖励。

表 3-12　志愿者奖励

项　目	内　容
非物质奖励	与运动员、音乐家和艺术家会面，表扬和口头认可，培训和技能发展等。
物质奖励	商品、入场券、证书、胸章、纪念品等。

子任务四　做好老年人活动危机管理

一、老年人活动危机管理的概念

老年人活动举行过程中发生的火灾、暴风雨、设备故障、参与者突发性疾病等，都可称为危机性事件。危机具有突发性、破坏性、不确定性、紧迫性的特征。危机事件可能给组织和个人带来严重的损害，为防止和降低这种损害，需要在时间紧迫、人财物资源缺乏和信息不充分的情况下，立即进行决策和行动。

二、老年人活动危机的防范

1. 选择场地

一旦确定了举办活动的区域，就应该立即着手深入全面地调查这个区域的安全状况，包括考察建筑物、室内场地、户外场地、院区和健康安全性。

表 3-13　场地选择

项　目	内　容
建筑物安全性	建筑物必须坚固安全，建材必须经久耐用，以达到防风、防震、防火的功能。
室内场地安全性	组织者要经常检查教室、活动室的物质环境，如设备、橱柜等有无会伤害老年人的锐角和突起、出入门的门面是否光滑；出入的通道和洗手间应为防滑地面。
户外场地安全性	户外活动应选择安全耐用的器材，注意器材的安全间距；老年人活动时应有专人监督；户外设备应固定在地上，以免翻倒；运动器材应定期检查和维护。户外活动场地的地面应能防止老年人跌倒与擦伤。
院区安全性	室外的电线设备应设置在一般人够不到的地方；楼梯的两边应设老年人扶手，楼梯阶层不宜过高。在安全疏散和经常出入的通道上，不应设台阶。
健康安全性	一是保证老年人的生理健康。相关材料是安全的，不应该有刺鼻的气味、尖锐的角、超标的有害物质等。 二是适于老年人的心理健康。环境创设的内容要轻松愉快，能为老年人带来安全感、舒适感；应为老年人提供成功体验，让老年人感受到成功后的快乐；设置一些进行情绪发泄的空间，以帮助老年人稳定情绪。

2. 财物与人身安全

考察场地第一步就应该着手制订安全计划。第二步是确保管理方和参与者购买了保险，从而在遭遇失窃、自然灾害以及其他一些情况时，能得

小贴士

在活动开始前，一定要对活动场地的座位进行细致检查，确保座椅的牢固。

到足够的理赔。第三步则是建立一个全面的登记系统，监控活动所有参加人员的出入情况。第四步是制订计划确保参与者的人身安全。

3. 自然灾害

最常出现的自然灾害是与天气有关的灾害。要想减少自然灾害对活动的影响，关键在于做好准备工作。在考察场地时就应该对活动区域的情况进行全面调查。了解这个区域在历史上是否遭受过自然灾害，是否出现过暴风

雪、洪水、高温酷暑等。所有这些自然灾害方面的信息可以到当地的公共安全或紧急服务部门、国家气象局等有关部门去查询。

4. 人为灾害/暴力行为

活动组织者不仅要关注自然灾害，更要关注人为灾害或暴力行为。因为，只要是大量的人群聚集在一起，就有可能突发意外情况。这些情况可分为四大类，即食物中毒、火灾、暴力行为、示威或对抗。

三、制订安全计划和程序

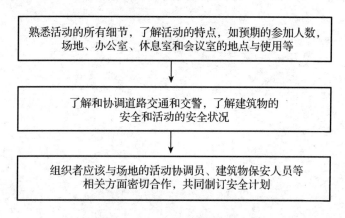

图3-14　制订安全计划和程序

四、评估危机管理计划

危机管理计划是一个动态的"活文件"，它需要不断发展、改进和更新。首先，外部形势不断变化，危机管理计划应该随着外界因素对活动的影响而不断变化。其次，不论何时发生危机，都应该及时对危机管理计划的价值进行评估，以确保所有参与人员的安全。最后，任何活动都是独一无二的。参与者的人数会变化，活动的场地也可能变化，每当出现这种变化时，我们都必须重新审阅已有的危机管理计划。

五、应变处理

活动危机的形式是多种多样的，每一种危机不论何种形式，都会对活动构成威胁。应付不测是一切危机管理的基本。第一，我们应该在危机发生前制订危机应变方案，以确保危机到来时有准备地应对；第二，高度重视；第三，临危不乱；第四，快速反应及早处理；第五，行胜于言，在危机突然降临时，积极的行动要比单纯的广告和宣传手册中的华丽词语更有意义；第六，把握信息发布的主动权。一般来讲，在出现危机时最好成立一个新闻中心，将真相告诉社会大众，有必要安排一人专门写稿，介绍危机的详细情况以及活动管理者所做出的决策，以保证活动的继续进行和维护活动的信誉。

 实践训练

谈谈你对老年人活动现场管理重要性的认识。

任务六

对老年人活动策划实施评价

任务目标

知识目标

1. 理解老年人活动评价的概念。

2. 了解老年人活动评价的内容和方法。

技能目标

能对老年人活动进行活动评价。

任务分解

子任务一　认知老年人活动评价

老年人活动评价包括对已经发生的活动总结，以及对活动未来的预测。通过评价能总结活动策划、筹备、实施和运作过程是否合理得当，并通过预测对活动的未来进行新的分析评价，其目的是总结经验教训，为以后老年人活动工作提高效率和效益提供建议，提供更完善的管理体系和提高管理水平。

一、老年人活动评价分类

在老年人活动的整个过程中，都可以进行活动评价。根据活动评价的时机，将老年人活动评价分为以下三类，见表 3-14。

表 3-14　老年人活动评价分类

项　目	内　容
目的性活动评价	这种评价通常发生在活动的研究和策划阶段，评价的目的是确定举办该活动可能需要的资源量大小和继续这一活动的可能性，确定是否可以立项。它是活动项目可行性研究的基础，站在活动项目的起点，对活动从经济角度、社会角度和环境角度进行评估，是衡量活动是否成功的基准。
形成性活动评价	形成性活动评价是通过对参与者活动进展情况的评价，进而影响参与过程的一种评价模式。这种评价通过了解、鉴定活动进展及时地获取调节或改进活动的依据，以提高活动的效率。
总结性活动评价	总结性活动评价是指在完成某个活动或某个阶段性活动之后进行的总结评定，是对活动目标的达成程度的测定，它通常是在活动之后所实施的一种评价。

二、老年人活动评价的目的

（1）通过对活动的时间进行总结和评价，检查活动的预期目标是否达到，策划与管理是否有效，以提高活动组织者的能力和水平。

（2）通过调查和分析有效的反馈信息，确定老年参与者是否满意，活动的主要效益是否达标，以增强活动利益相关者的投资信心。

（3）通过对活动的目的、实施过程、效益、作用和影响进行全面系统分析，从正反两方面总结各种经验和教训，找出成败原因，为以后的老年人活动策划和管理提供决策和管理依据。

（4）通过编写活动评价报告，提供翔实资料和数据给利益相关者，以提升活动形象，为塑造老年人活动品牌提供支持。

三、活动评价方法

通常采用的老年人活动评价方法有以下几种。

1. 调查法

调查法既可用来获得定量的数据，也可用来获得定性的描述。调查法针对那些不可能深入了解的问题，通过调查、访问、谈话、问卷等方法收集有关资料。调查法主要有以下几种形式。

(1)问卷调查。

问卷调查是调研工作中最常用的工具，就是为了调查老年人活动的成败与影响，而专门设计印制有涉及评价内容的各方面问题的表格，并要求被调查者以书面文字或者符号的形式做出回答，然后进行归纳、整理、分析，并得出一定结论的方法。

(2)谈话调查。

谈话调查是指评估主体通过与评估对象及其他有关人员进行面对面交谈、讨论，收集与评估有关的信息资料，并就评估对象的情况做出评估的一种方法。这种方法最大的特点在于，整个过程是评估者与访问者在交谈过程中相互影响、相互作用，因此，它所获得的信息更全面、更直接、更真实。

①电话访谈。这种方法可以在短时间内调查多数对象，而且成本低，获得资料方便迅速，但由于时间限制，很难询问比较复杂的问题。这种方法可用于对活动进行定性分析。

②面谈。访问者可以提出较多的问题，以补充个人观察的不足，交谈过程可以相互启发，获取的资料往往比较真实可靠。在整个谈话过程中要保持一种轻松、和谐的气氛，并随时观察被调查者，随机应变。面谈的形式可以是有组织的座谈、专访，也可以是随机的采访，可询问他们对活动的意见和评价。

2. 总结述职

老年人活动结束后，每个工作人员要对自己在活动过程中的工作做出述职报告，不论是提交的书面材料还是口头汇报的情况总结，都是活动评价的内容。

子任务二　了解老年人活动评价的内容

一、评价人员

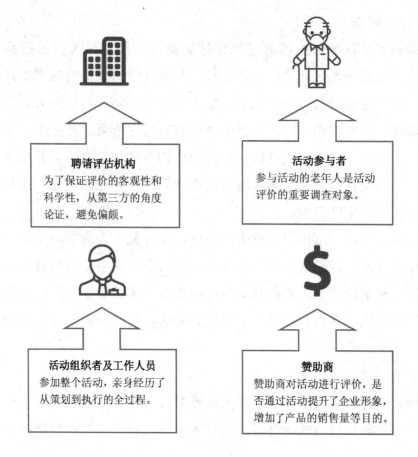

聘请评估机构
为了保证评价的客观性和
科学性，从第三方的角度
论证，避免偏颇。

活动参与者
参与活动的老年人是活动
评价的重要调查对象。

活动组织者及工作人员
参加整个活动，亲身经历了
从策划到执行的全过程。

赞助商
赞助商对活动进行评价，是
否通过活动提升了企业形象，
增加了产品的销售量等目的。

图 3-15　评价人员

二、评价时机

　　活动评价是活动后续管理中的重要组成部分，不能在活动结束后若干年才开展。活动评价具有时效性。所以，评价时机应选在活动完成后立即或短期内进行。有的活动由若干子活动组成，前后持续时间长，可以分阶段进行评价。

三、评价内容

表 3-15 活动评价内容

活动评价表				
活动名称：				
活动时间：				
评价时间：				
评价人员：				
项　目	A 非常 满意	B 满意	C 基本 满意	D 不满意
老年活动状态 老年人活动中是否积极主动？				
老年人情绪是否饱满？				
老年人与他人互动交流是否充分？				
老年人对活动的满意度如何？				
工作人员 工作人员对老年参与者的态度如何？				
人员安排是否妥当？				
各工作人员是否清楚自己的分工及责任？				
工作人员事前准备工作是否足够？				
(如有主持人可问以下问题)主持人的形象是否与活动相得益彰？				
主持人是否对观众有吸引力？				
主持人表达是否清楚？				
活动安排 活动安排是否紧密围绕活动的主题？				
各个组成部分先后顺序是否恰当？				
活动程序是否如期进行？				
活动中的安全保障措施是否到位？				
活动场所 活动场地布置是否符合主题？				
活动场所指引标志是否醒目、美观？				
活动场所的温度、湿度、光线如何？				
活动场所音乐是否适中悦耳？				
活动场所是否受到外部噪声的干扰？				
各种安全标识和指示牌是否清楚明确？				
活动场所是否足够安全？				

续表

项　　目	A 非常满意	B 满意	C 基本满意	D 不满意
活动时间 活动开展的时间是否适宜？				
活动时间 活动的总时长是否合适？				
活动时间 活动环节是否紧凑？				
宣传促销与融资 宣传促销的方式如何？				
宣传促销与融资 (根据活动具体情况选择此问题)现场购票的观众数量如何？				
宣传促销与融资 活动为赞助者带来收益如何？				
宣传促销与融资 活动是否达到预期效果？				
其他 活动过程中曾遇到哪些困难？将来如何避免或解决？				
其他 活动过程中疏忽了哪些重要的事？				
其他 活动中有哪些做得出色的地方？				
其他 对将来活动的启示有哪些？				

 **实践训练**

　　就"老年常见疾病误区"讲座活动，讨论一下评价的具体内容有哪些，如何才能为老年人提供理想的活动体验。

下　篇

技能篇

项目四 策划组织老年人学习类活动

 项目情景聚焦

根据老年人的生理、心理、社会特点，开展老年人学习类活动，可以使老年人增长知识、开阔视野、丰富生活、增强体质，提高老年人的社会参与率，有利于和谐社会的构建。老年人学习类活动同样具备盎然趣味，因而可以定位为"准娱乐"型的活动。学习过程中，老年人可以在快乐中学习，也可以在学习中快乐。老年人学习类活动是一项需要完整系统规划并持续性开展的老年人活动。

 项目目标

通过学习本项目内容，同学们能全面了解老年人学习类活动的定义、流程、执行管理、评估，掌握文化知识类、体育健身类、文艺表演类学习活动的具体策划与组织。

任务一

老年人学习类活动策划组织概述

 任务目标

🔵 **知识目标**

全面学习了解老年人学习类活动的定义、分类、特点等内容。

🔵 **技能目标**

1. 掌握老年人学习类活动的基本流程。

2. 学会老年人学习类活动的执行管理。

3. 领会老年人学习类活动的评价。

 **任务分解**

子任务一　掌握老年人学习类活动基本概念

一、什么是老年人学习类活动

老年人学习类活动，顾名思义，是指在老年人这一特定人群中展开的以学习为目的的活动。教育学习是社会性的大话题，但老年人的学习类活动却在很长时间里呈现"缺位"的状况。随着时代的进步，为了顺应社会的需求，提升社会各领域的文明程度，增强本领就要加强学习，既把学到的知识运用于实践，又在实践中增长解决问题的新本领，"老年人学习活动"这一话题得到社会及各界人士的广泛关注并得以发展。

老年学习类活动主要可以实现四个方面的意义：

第一，丰富并充实老年人文化知识；

第二，活跃身心，使老年人身体与心灵皆得安康；

第三，挖掘并升华老年人的才能禀赋，使其继续为社会发挥余热，做出他们应有的贡献。

第四，提高老年人的社会参与率，有利于和谐社会的构建。

可见，丰富的学习活动会给老年人的晚年平添绚丽的底色，让老年人的晚年生活不再单调。

图 4-1　老年人学习包饺子

图 4-2　老年人歌唱学习小组活动

二、老年人学习类活动的分类

根据老年人学习类活动的主题内容进行划分，可分为以下三大类：

老年人学习
类活动的分类

1. 文化知识类

表 4-1　文化知识类

项　目	内　容
语言文学类	英语及其他语种、普通话、传统文化、文学与创作、古典文学欣赏、史学、旅游文化等。
医学保健类	医学保健、中医保健、老年伤科、食疗与营养、手部按摩、足部按摩、老年心理学等。
计算机应用类	电脑初级教程、常用软件、网上生活、电子阅读、数码相机应用及后期处理等。
书画摄影类	楷书、行书、篆书、草书、隶书、硬笔行书、山水画、花鸟画、工笔画、综合美术、摄影创作、数码摄影等。
综合应用类	烹饪、茶艺、花卉养殖、工艺制作、股票知识、法律知识、孙辈养育与心理培育等。

2. 体育健身类

表 4-2　体育健身类

项　目	内　　容
体育健身类	太极拳、太极剑、球类、保健操、广场舞、棋类及其他器械类、其他徒手类活动等。

3. 文艺表演类

表 4-3　文艺表演类

项　目	内　　容
舞蹈表演类	交谊舞、广场舞、民族舞、秧歌、艺术健身舞及其他舞种活动等。
音乐戏曲类	京剧及其他受欢迎的剧种唱腔学习、戏曲的表演、乐曲乐器演奏、模特形体、时装表演、歌咏、声乐、钢琴、电子琴、二胡、板胡、笛子、口琴及其他乐器等。

图 4-3　老年人歌舞表演

图 4-4　社区老年人艺术团表演

三、老年人学习类活动的特点

老年人学习类
活动的特点

表 4-4　学习类活动的特点

项　目	内　　容
活动对象的特殊性	老年人是一个特殊的群体。这不仅体现在老年人的生理特征、心理特征、社会特征，同时老年人退休前从事各行各业，具有丰富的社会经验和人生历练，具备一专多能、一技之长的大有人在。
活动内容的实用性	老年人学习类活动是根据老年人的生理、心理、社会特征进行的一种特殊教育学习，旨在改善他们的环境，丰富他们的生活，提高他们生活的质量与乐趣。课程设置除满足老年人求知求乐的需求之外，还要有与老年人生活有关的活动内容，如开设烹饪、电脑等相关的学习活动，使他们能更好地、科学地运用到日常生活中。

续表

项　目	内　　容
活动服务的至上性	老年人学习类活动面对的是老年人这一特殊群体，而服务该群体的原则是服务至上。管理要求宜采取宽松模式，即宽而不乱、松而不散，体现人性化服务。活动服务管理过程不能采取高度纪律化的硬性管理模式，而必须采取灵活多样的形式、松散可变的结构和机动弹性的过程，以适应老年人的不同情况和需求，调动老年人参与活动管理的积极性。这就要求活动组织方加强学习活动指导人员和工作人员队伍的建设，要有一支高水平的活动组织人员，这支队伍要热心于老年人学习类活动事业，有高尚的师德，有团结老年人的凝聚力、向心力。
学习方法的特殊性	老年人共同的特点是经验阅历丰富，自主意识强烈，学习目的明确，理解能力强，记忆能力差。这些老年人共同的特点要求我们坚持从老年人的实际出发，在活动中采取灵活多样的引导方法。老年人学习类活动不同于普通的社会性学习，不能用"注入式""训诫式""封闭式""满堂灌"的方式，要用"探讨式""互动式""开放式"的引导方法。要围绕老年人"实现自我价值"的需求，开展丰富多彩的学习类活动。让老年人自发组织、自由结合、互相交流、共同提高，自觉地把学习气氛延伸到活动之外、延伸到社会。如在活动课堂上要留一点时间让老年人们提问质疑，不要像"百家讲堂"那样，名家讲毕，听者鼓掌而终。

图 4-5　重阳节老年艺术团表演

图 4-6　社区老年人歌唱学习小组

子任务二　掌握老年人学习类活动策划思路与组织要点

一、老年人学习类活动策划基本流程

1. 明确学习类活动的需求

活动开展前，必须要开展相应的学习类活动的需求调研，最大程度地从老年人需求出发，因地制宜地制定学习类活动主题内容是学习类活动中人性化管理的基本要求。可以采取群体座谈会、个人面谈等方式调研，形成调研报告，以制定符合特

老年学习类活动
策划基本流程

定老年人群的学习类活动主题项目。

2. 确定学习类活动的主题

根据调研的结果制定学习类活动的主题，这个主题是相对宏观的活动主旨，可以用来指导具体主题的活动内容。活动主题可以依据不同方面的内容进行策划和安排相关活动。例如，依据特定的生活价值观提出倡导"中医养生"的主题，再依据这个主题择定具体的学习类活动内容。

3. 确定学习类活动的内容

依据调研的结果制定学习活动的主题，而后依据这个主题制定具体的学习类活动的内容。一个主题可以只有一个具体的活动内容，也可以包含几个活动内容，这要看具体的情况而定，规模的弹性很大。

例如，在"中医养生"这个主题下可以策划关于"中医养生"的专家讲座，除了讲座之外还可以策划"保健按摩"等学习活动让老年人们参与。这样就让学习活动有了不同的可能性。

4. 确定学习类活动的地址

依据活动的学习内容及活动规模的大小进行活动空间的选择。一般老年人学习类活动可选择在养老院内、酒店内或者适宜的广场、空地等。

图4-7　老年人展示学习作品

图4-8　老年民族舞团合影

二、老年人学习类活动的执行与管理

1. 执行要则

(1)学习类活动中工作人员的要求。

工作人员主要是指活动组织方、志愿者、协助的护理院或

老年人学习类活动的执行与管理

社区工作人员。活动中，在对待老年人的态度上，应保持诚恳、谦卑、尊敬，保持微笑服务，当好老年人的忠实听众，设身处地为老年人着想，增加与老年人的亲切感，取得老年人的信任。

（2）学习类活动中指导人员的要求。

老年人学习类活动效果好不好，主要还在于活动有无吸引力、凝聚力，而吸引力、凝聚力的大小，主要取决于传授质量，传授质量的关键在于指导人员。这里说的指导人员主要是活动核心人员，如组织方负责人、邀请的授课专家教授或主持人等。指导人员要对老年人这个群体的特点充分了解，指导如何去激发和调动老年人学习的积极性与互动性。另外可以考虑在某些活动内容上聘请有名望的专家和学者，这些人的名气和品牌效应也是激发老年人学习热情的重要因素。

（3）学习类活动内容要合理化、人性化。

"增长知识、陶冶情操、丰富生活、促进健康、服务社会"是老年人学习类活动的宗旨。学习类活动的内容需要在充分调研的基础上进行策划实施，切忌凭空想象。调研的环节主要是面向参与活动的老年人群体具体展开，通过图表的形式将他们身体、学历、兴趣爱好、精神状况、年龄、背景等相关信息和情况进行汇总，作为策划学习类活动内容的依据。这样做能更好地保障今后开展的学习类活动内容能更符合老年人的真实需求。

（4）学习类活动要适当把控节奏。

老年人学习类活动要获得好的效果，指导人员必须把握好活动课堂的节奏，使活动课堂里呈现出和谐的气氛，这样才能激发老年人的学习热情。主要可以从以下三个方面进行着手：

第一个方面，针对"学情"调整节奏。老年人往往因年龄不同，知识水平高低不平，在思维力、理解力、意志力、注意力等方面存有较大差异。因此，学习过程中的节奏要灵活多变，指导方式采用针对老年人实际状况的方式方法，这样才能集中老年人的注意力，收到事半功倍的效果。

第二个方面，根据内容确定节奏。老年人学习类活动的内容丰富、门类齐全、风格各异，既有医疗保健、书法绘画、诗词文学等传统主题活动，又有电脑、英语等时髦主题活动。不同内容的学习活动要采用不同的引导节奏,如书法、绘画等学习活动采用慢节奏教学,舞蹈、健身等学习活动可采用快节奏教学,电脑、英语等学习活动则可视老年人掌握的快慢来确定学习节奏。诗词文学类学习不同于其他学习活动,其活动节奏应有缓有急,恰到好处。对重点部分,适用舒缓节奏做精要分析,并交替运用读、讲、议等方式,让老年人在品味中鉴赏,在议讲中深悟。其他内容学习类活动以此原则作为参照。

第三个方面,观察情绪变换节奏。活动组织者不能只盯住活动步骤的推进,而不顾及老年人学习的状态反应。活动指导人员应将老年人的动态反应尽收眼底,活动中不断研究改革传授引导的方法方式。当老年人感觉学习内容浅显时,需加快活动的节奏,适量增加难度;当老年人感到倦怠、精力涣散时,要及时插入与学习内容相关的幽默内容,这样做才能使老年人们精神舒展,骤然振奋,以使他们延续积极思维。

2. 活动步骤

(1)调研工作确定学习类活动内容。

对于自己负责的老年人群体进行全方位的调研,根据调研结果确定学习类活动的内容。

(2)活动通知环节。

通知的方式可以分为口头通知、电话通知以及书面通知。口头通知,这种方式最突出的优点是有当面交流。电话通知,以电话为媒介传递信息,准确,到位,成本也不高。书面通知,由于制作需要一定时间,需要提前准备;发出后,还要跟踪落实知晓情况。通知除了写明学习活动的时间、地点外,还要明确告知活动的内容、参与人员和组织人员,以便与会者做好相应的心理准备。

(3)通知下达之后的注意事项。

学习类活动开始之前密切关注老年人的身心状况,以确保活动组织者对老年人的情况有比较深入的了解,避免活动开始前老年人出现突发状况。

(4)活动场所选择与布置。

活动场所可能是室外也可能是室内,无论是哪一类,都要根据学习类活动内容的不同状况要求选定。本着场所氛围与活动内容贴合、场所相对安静封闭抑或半封闭、场所容积与参与老年人数量之间的协调关系进行选择。

除了传统的活动场所装点标识之外，要充分运用多媒体等电子设施来装点场所，除了烘托气氛之外还要注重点明学习活动的主题要义。

三、老年人学习类活动的评价

老年人学习类活动的评价

老年人学习类活动的评价应该贯穿整个活动过程，包含三个评价阶段，即活动前、活动中、活动后。评价的对象可以选择参与活动的工作人员、指导人员以及参加活动的老年人代表。评价总结是活动执行与管理的重要环节，通过对活动的评价明确成功和不足之处，总结经验教训，对提高活动组织策划者的管理水平有十分重要的意义。

以下是评价的具体内容（见表4-5）。

表4-5　学习类活动几个阶段的对应评价内容

活动阶段	评价内容
活动开展前	1. 学习活动内容是否是老年人身心所需； 2. 活动内容是否适合特定群体的老年人； 3. 活动所需的配备资源是否合理； 4. 活动时的气候、时间、地点选择是否得当； 5. 活动通知的内容是否周详； 6. 活动所需的基础性设施是否到位； 7. 老年人参加活动的身心准备状况是否达到要求。
活动进行中	1. 学习活动前老年人是否顺畅地到位； 2. 活动是否准时开始； 3. 活动之初的现场氛围是否正常； 4. 场所是否存在外界干扰； 5. 指导人员是否能把握学习进度； 6. 是否有老年人难以进入学习活动的状态； 7. 专注学习的老年人学习进程是否顺畅； 8. 医护人员能否保持对活动中老年人的高度照护； 9. 活动所需的基础设备是否正常； 10. 学习类活动是否按预定步骤和时间完成； 11. 老年人是否顺利散场归位。
活动结束后	1. 活动记录整理好； 2. 对老年人的满意程度进行调查； 3. 对学习类活动的成败得失进行整体性总结。

实践训练

1. 通过本课程的学习，你认为老年学习类活动可以分为几类？

2. 你组织策划了一场老年人学习类活动，要对活动进行评价，你认为应该包含哪些内容？

任务二
掌握文化知识类学习活动

任务目标

🔘 **知识目标**

通过具体情景案例，学习了解老年人文化知识类学习活动的操作流程。

🔘 **技能目标**

掌握老年人文化知识类学习活动的具体操作流程及方法。

任务分解

老年人文化知识类学习活动包含的学习内容多样化，如语言文学类、医学保健类、计算机应用类、书画摄影类、综合应用类等，本任务主要以老年人中医养生讲座活动及老年人学习制作剁辣椒活动进行阐述。

子任务一　文化知识类活动设计、策划及实施
——老年人中医养生讲座活动

一、活动背景

老年人一般都很关注自己的健康问题，在日常生活中，也重视养生类的积累与搜集，开展中医养生类知识讲座，普遍受到老年人的青睐。中华文化是我们提高国家文化软实力最深厚的源泉，是我们提高国家文化软实力的重要途径，要以人们喜闻乐见、具有广泛参与性的方式推广开来。

二、活动目的

(1)通过中医养生的学习活动，老年人拓宽中医保健知识，并运用在日

常生活中。

(2)老年人聚集在一起学习，能扩大老年人社交网络，增进老年人间的友谊，营造老年人学习氛围。

三、活动主题

中医养生，健康你我

四、参与人员

××社区老年人

××社工中心工作人员

××志愿者

五、组织单位

××社工中心

六、活动时间

××年×月×日　9:00—10:40

七、活动地点

××老年活动中心

八、活动流程

活动阶段	内　　容
活动前	(1)前期调研工作：活动开始前的一周进行社区老年人中医养生知识普查调研，了解老年人最感兴趣的中医养生知识。 (2)与社区报备活动内容、场地、设施设备，取得社区的支持。 (3)做好活动通知公告，组织好活动报名工作。 (4)邀请中医养生知识授课专家，确定好课题、时间、地点等。 (5)做好相关的活动筹备工作(设施设备、签到表、流程、注意事项等)

续表

活动阶段	内　　容
活动中	(1)9:00 前　工作人员布置活动现场，做好准备相关工作。 (2)9:00　老年人陆续入场，签到入座。 (3)9:10　主持人开场，向老年人介绍本次活动目的及授课专家。 (4)9:20　授课专家开展中医养生知识讲解。 (5)10:10　授课互动环节（自由问答环节）。 (6)10:30　授课结束，社区领导总结讲话。 (7)10:35　主持人宣布活动结束，发放纪念品，合影留念。 (8)10:40　老年人离场。
活动后	(1)活动现场整理。 (2)活动评价。 (3)材料整理归档，媒体报道。

九、活动用品

音箱设备、投影仪、笔记本、话筒、水果点心、纪念品若干、纸笔。

十、人员安排

总负责人：××

主持人：××

记录人：××

后勤人员：××

摄影人员：××

十一、媒体支持

××报、××新闻、××政府新闻网

十二、经费预算

专家费用 2 000 元

茶水 300 元

水果点心 800 元

中医保健礼品盒 5 000 元

总计 8 100 元

十三、备注

(1)活动前做好老年人关于中医保健知识的需求调研工作。

(2)活动结束后，要对本次学习活动的内容进行总结，并及时对所提出的问题进行意见反馈。

(3)对于参会老年人情况事先要有基本了解，以确保活动的内容适合于这一老年人群体及符合特定学习活动所需。

子任务二　文化知识类活动实况及经验分享

本次活动内容主要是为社区老年人开展中医养生知识讲座，主要是从中医手部穴位按摩及食疗方法两方面进行阐述。活动共有 22 名老年人参与，授课专家分享实际的中医食疗方法，让大家能实际运用到日常生活中。经过专家深入浅出的讲解，大家都收获实用的中医按摩与食疗方法。老年人们表示这样的学习讲座活动很有意义，希望能定期开展。

中医养生

图 4-9　中医养生讲座专家在授课

图 4-10　中医养生讲座现场

图 4-11　现场老年人分享养生心得

图 4-12　工作人员进行活动总结

中医养生讲座活动经验分享

项　目	内　容
经验分享	优点： 1. 活动内容满足老年人的需求，前期做了调研，实用性强，激发老年人参与的积极性。 2. 与授课专家良性沟通，强调讲座内容的实用性，有利于后期活动的持续性开展。
	缺点及对未来的建议： 1. 活动场地较小，报名人数受限，后期为更多人受益，提前对接较大场地。 2. 活动通知时，未对授课具体内容进行阐明，导致很多老年人到达现场不知道我们讲座的内容。

子任务三　综合应用类活动设计、策划及实施
——老年人学习制作剁辣椒活动

一、活动背景

某社区失独家庭慈善项目参与者大部分是家庭主妇，他们失去孩子甚至有部分人还丧偶，内心孤独，悲伤，不愿走出家门，融入社区，社会关系网缺乏。

剁辣椒

二、活动目的

(1)通过学习制作剁辣椒活动，增强老年人的日常生活技能，并学以致用。

(2)扩大失独老年人的社交网络，增进同一群体的融合。

(3)鼓励失独老年人走出家门，融入社区生活。

三、活动主题

大家齐动手　乐在剁辣椒

四、参与人员

××社区老年人(人数限制在20人以内)

××社工中心工作人员

××志愿者

五、组织单位

××社区

××社工中心

六、活动时间

××年×月×日 9:00—10:40

七、活动地点

××社区老年活动中心

八、活动流程

活动阶段	内　　容
活动前	(1)前期调研工作：老年人是否对学习剁辣椒活动感兴趣。 (2)与社区报备活动内容、场地、设施设备，取得社区的支持。 (3)做好活动通知公告，组织好活动报名工作。 (4)邀请授课老师，确定好时间、地点等相关事宜。 (5)做好相关的活动筹备工作(设施设备、签到表、流程、注意事项等)。
活动中	(1)9:00 前　　工作人员布置活动现场，做好准备相关工作。 (2)9:00—9:10　老年人陆续入场，签到入座。 (3)9:10—9:20　主持人开场，向老年人介绍本次活动目的及授课老师。 (4)9:20—9:30　授课老师开展制作剁辣椒的流程与工序。 (5)9:30—10:30　现场分工合作开始制作剁辣椒。 (6)10:30—10:35　剁辣椒制作完成。 (7)10:35—10:40　主持人宣布活动结束，发放辣椒成品，合影留念。 (8)10:40　　　老年人离场。
活动后	(1)活动现场整理。 (2)活动评价。 (3)材料整理归档，媒体报道。

九、活动用品

音响设备，投影仪，横幅，茶水，纪念品若干，制作物料(辣椒、盐、勺子、手套、塑料瓶等)

十、人员安排

总负责人：××

主持人：××

控场人员：××

后勤人员：××

摄影人员：××

十一、媒体支持

××报、××新闻、××政府新闻网

十二、经费预算

授课老师费用 200 元

茶水 100 元

物料费用 300 元

其他费用 200 元

总计 800 元

十三、备注

(1)活动前做好老年人的需求调研工作。

(2)活动结束后，要对本次学习活动的内容进行总结，并及时对所提出的问题进行意见反馈。

(3)对于参会老年人情况事先要有基本了解，以确保活动的内容适合于这一老年人群体及符合特定学习活动所需。

子任务四　综合应用类活动实况及经验分享

本次活动内容是社区老年人开展学习制作剁辣椒活动，主要学习制作剁辣椒的流程工序。活动共有 20 名老年人参与，授课老师通过现场演示，让大家自己动手，一起制作，学习真正的能用在日常生活中的技能，同时做成的辣椒成品大家可以带回家品尝，享受自己动手的劳动成果。老年人们表示这样的学习活动很有意义，希望能定期开展。

图 4-13　清除辣椒根部工序

图 4-14　剁辣椒制作过程

图 4-15　辣椒成品装瓶

图 4-16　我们与成品合个影

老年人学习制作剁辣椒活动经验分享

项　目	内　　容
经验分享	优点： 1. 活动内容满足老年人的需求，前期做了调研，实用性强，激发老年人参与的积极性。 2. 让老年人将做成的辣椒成品带回家品尝，让大家享受劳动成果。 缺点及对未来的建议： 活动前期需要准备足量的瓶子，在分成品的过程中要公平，防止出现有的老年人多拿，有的少拿。

实践训练

尝试做一次特定老年人群体的调研，策划一场"老年人手工"学习活动，并拟写一份策划书，可参考以下格式。

××活动策划书

一、活动背景
二、活动目的
三、活动主题
四、参与人员
五、组织单位
六、活动时间
七、活动地点
八、活动流程
九、活动用品
十、人员安排
十一、经费预算
十二、备注

任务三

掌握体育健身类学习活动

 任务目标

🔘 **知识目标**

通过具体情景案例，学习了解体育健身类学习活动的操作流程。

🔘 **技能目标**

掌握体育健身类学习活动的具体操作流程及方法。

 任务分解

　　老年人体育健身类学习活动包含的学习内容多样化，包含太极拳、太极剑、拂尘、球类、保健操、广场舞、传统体育运动项目、棋类及其他器械类、其他徒手类活动等，本任务主要以老年人经络保健操教学活动进行阐述。

子任务一　设计、策划及实施
——老年人经络保健操教学活动

一、活动背景

　　中医是我们国家的瑰宝，其中就包含了经络养生，它为人们带来了非常神奇的效果，能够有效地治疗身体上的疾病。拍打经络操不但能够让自己的身体更加健康，还能够起到延年益寿作用，而且简单易学，非常适合老年人。

二、活动目的

（1）教老年人一套简单实用的健身操，可以帮助老年人活动筋骨，畅通血液，同时引导老年人正确地运动。

经络操

（2）通过教学课堂，增进老年人的社交友谊，让老年人扩大交友圈，结交一群爱好运动的好友。

（3）丰富养老院老年人的精神文化生活，提升老年人晚年质量，增强其对养老院的归属感。

三、活动主题

生命不息　　运动不止

四、参与人员

××养老院老年人

××社工部

××志愿者

五、组织单位

××养老院

××社工中心

六、活动时间

××年×月×日　9:00—10:40

七、活动地点

××三楼老年活动中心

八、活动流程

活动阶段	内　　容
活动前	(1)前期调研院内老年人对经络操的了解及是否感兴趣。 (2)策划书撰写，并做好人员安排。 (3)做好活动通知公告，组织好活动报名工作。 (4)邀请志愿者教学老师，确定好时间、教案视频等相关事宜。 (5)做好相关的活动筹备工作(设施设备、签到表、流程、注意事项等)。
活动中	(1)9:00 前　　　工作人员布置活动现场，做好准备相关工作。 (2)9:00—9:10　　老年人陆续入场，签到入座。 (3)9:10—9:20　　主持人开场，向老年人介绍本次活动目的及授课老师。 (4)9:20—10:10　授课老师现场经络操教学并强调注意事项。 (5)10:10—10:30　跟着老师一起做。 (6)10:30—10:40　主持人宣布活动结束，合影留念。 (7)10:40　　　　老年人离场。
活动后	(1)活动现场整理。 (2)活动评价。 (3)材料整理归档，媒体报道。

九、活动用品

音箱设备、投影仪、茶水、照相机

十、人员安排

总负责人：××

主持人：××

控场人员：××

后勤人员：××

摄影人员：××

十一、媒体支持

××报、××新闻、××政府新闻网

十二、经费预算

志愿者授课老师 0 元

茶水 50 元

总计 50 元

十三、备注

（1）活动前做好老年人的需求调研工作。

（2）活动结束后，要对本次学习活动的内容进行评价。

（3）在健身运动类学习活动过程中，要及时关注老年人的身体情况，防止拉伤、摔倒等安全事故发生。

（4）老年人因学习能力较差，应提前与志愿者老师沟通，教学过程节奏要慢，动作可重复多次进行教学。

子任务二　活动实况及经验分享

本次活动内容主要是在养老院开展老年人经络保健操教学活动，活动吸引 30 余名老年人参与。授课老师现场一个动作一个动作地教学，让老年人掌握各动作要领，活动反响较好。

图 4-17　教学老师动作示范

图 4-18　跟着老师认真学习

图 4-19　现场工作人员协助示范教学动作

图 4-20　教学现场

老年人经络保健操教学活动经验分享

项　目	内　　容
经验分享	优点： 1. 老年人经络保健操简单易学，老年人很喜欢。 2. 前期准备工作充足，场内有部分志愿者在老年人身边协助他们。 3. 教学示范动作时，可以找位志愿者协助老师展示动作。 缺点及对未来的建议： 1. 安排座次时前后不要太紧凑，以防部分老年人需要站起来做操时空间不足。 2. 老师教学速度可以放慢些。

 实践训练

尝试策划一场"老年人太极拳"学习活动，并拟写一份策划书，可参考以下格式。

××活动策划

一、活动背景
二、活动目的
三、活动主题
四、参与人员
五、组织单位
六、活动时间
七、活动地点
八、活动流程
九、活动用品
十、人员安排
十一、经费预算
十二、备注

任务四

掌握文艺表演类学习活动

 任务目标

🔘 **知识目标**

通过具体情景案例，学习了解文艺表演类学习活动的操作流程。

🔘 **技能目标**

掌握文艺表演类学习活动的具体操作流程及方法。

 任务分解

老年人文艺表演类学习活动的学习内容多样化，包含舞蹈表演类，如交谊舞、广场舞、民族舞、秧歌、艺术健身舞及其他舞种活动，以及音乐戏曲类，如京剧及其他受欢迎的剧种唱腔学习、戏曲的表演、乐曲乐器演奏等。本任务主要以学习经典歌曲进行阐述。

子任务一　设计、策划及实施
——老年人经典歌曲教学活动

一．活动背景

经典歌曲具有时代特征。老年人通过唱歌，可以舒缓情绪，回忆自己当年的青春年华，同时也能敞开心扉，发泄情绪，排解孤独，有利于身心的健康。

经典歌曲
教学活动

二、活动目的

(1)大家在一起唱歌，能帮助老年人增加相互间的交流，增进邻里感情，扩大交友圈。

(2) 丰富养老院老年人的精神文化生活，提升老年人晚年质量，增强对养老院的归属感。

三、活动主题

歌声嘹亮，唱响生命

四、参与人员

××养老院老年人

××社工部

五、组织单位

××养老院

××社工中心

六、活动时间

××年×月×日　9:00—10:40

七、活动地点

××三楼老年活动中心

八、活动流程

活动阶段	内　　容
活动前	(1)前期调研院内老年人对这些歌曲是否感兴趣。 (2)撰写策划书，并做好人员安排。 (3)做好活动通知公告，组织好活动报名工作。 (4)邀请志愿者教学老师，确定好时间、教案视频等相关事宜。 (5)做好相关的活动筹备工作(设施设备、签到表、流程、注意事项等)。

续表

活动阶段	内　容
活动中	(1)9:00前　　工作人员布置活动现场,做好准备相关工作。 (2)9:00—9:10　老年人陆续入场,签到入座。 (3)9:10—9:20　主持人开场,向老年人介绍本次活动目的及授课老师。 (4)9:20—10:10　授课老师现场红歌教学。 (5)10:10—10:30　跟着老师一起做。 (6)10:30—10:40　主持人宣布活动结束,合影留念。 (7)10:40　　　老年人离场。
活动后	(1)活动现场整理。 (2)活动评价。 (3)材料整理归档,媒体报道。

九、活动用品

音箱设备、投影仪、茶水、照相机、歌本。

十、人员安排

总负责人:××

主持人:××

控场人员:××

后勤人员:××

摄影人员:××

十一、媒体支持

××报、××新闻、××政府新闻网

十二、经费预算

志愿者授课老师0元

茶水50元

总计50元

十三、备注

(1)活动前做好老年人的需求调研工作。

(2)活动结束后,要对本次学习活动的内容进行评价。

（3）因老年人学习能力有所退化，应提前与志愿者老师沟通，教学过程节奏要慢，可以先熟悉歌词，再进行唱法教学。

子任务二　活动实况及经验分享

本次活动内容主要是在养老院开展老年人经典歌曲教学活动，活动吸引了 20 余名老年人参与。大家对唱歌都很感兴趣，学习热情高涨，活动得到了大家的一致认可，希望后续可开展歌唱兴趣班。

图 4-21　老年人们认真学习歌曲

图 4-22　歌曲学习现场

图 4-23　活动结束，老年人们准备离场

图 4-24　志愿者们协助老年人回房间

老年人经典歌曲教学活动经验分享

项　　目	内　　容
经验分享	优点： 1. 老年人喜欢经典歌曲，兴致较高。 2. 前期准备工作充足，歌词提前打印好。 3. 教学时一句一句地教学，老年人容易接受。
	缺点及对未来的建议： 1. 歌词打印需要字体调大。 2. 老师教学时先带老年人记住歌词，再进行教学唱法。

 **实践训练**

　　尝试根据自己负责的老年人群体状况策划一个文艺表演类教学活动，要求活动内容能够最大限度地满足特定老年人群体身心所需，并具有实操性。

项目五　策划组织老年人竞赛类活动

 项目情景聚焦

　　老年人竞赛类活动不仅能够丰富老年人的生活，而且能够增进老年人的健康，增强体质、愉悦身心。棋牌类竞赛活动能够充分锻炼老年人的脑力，同时又能够促进老年人之间的沟通。知识类竞赛活动不仅可以让老年人掌握知识，而且能掀起学习热潮。体育类竞赛活动可以增强老年人的体质，增强体质、愉悦身心。文艺类竞赛活动可以陶冶老年人的情操，增强老年人的被需要感，还能愉悦他人。

 项目目标

　　通过学习本项目内容，同学们能全面了解老年人竞赛活动的定义、流程、组织要点，掌握棋牌类竞赛、体育类竞赛、文艺类竞赛的策划与组织，能够独立完成老年人竞赛活动的基本策划任务。

任务一

老年人竞赛类活动策划组织概述

 任务目标

🔘 **知识目标**

全面学习了解老年人竞赛活动的定义、分类、特点等内容。

🔘 **技能目标**

1. 掌握老年人竞赛活动策划的基本流程。

2. 学会老年人竞赛活动的基本组织管理。

 任务分解

子任务一 掌握老年人竞赛类活动基本概念

一、老年人竞赛类活动的定义

竞赛是指在体育、生产、生活、学习等活动中，比较本领、技术、能力的高低，以个人或是团队的名义参加。竞赛活动的优点在于最大限度地发挥个人和集体在体力、智力、运动能力等方面的潜力。各类竞赛活动同时具有竞争性和结果不确定性，因此它不仅可以引起广泛的社会关注，而且能使人们产生强烈的感观刺激和情感体验，并能激发全民参与。

老年人因身心客观条件的限制在竞赛活动中存在一定的障碍，但并不是所有老年人都不能参加竞赛类活动，低强度的竞赛活动不仅能让老年人体验和感受到竞赛活动带来的快乐，还能丰富老年人的生活，增进健康，延缓衰老，预防老年性疾病，提高生活质量。

二、老年人竞赛类活动的分类

表 5-1　老年人竞赛活动的主题内容分类

活动类型	含　义	活动意义	常用活动形式
棋牌类	棋牌类竞赛活动是以锻炼脑、眼、手，使人在其中获得逻辑力和敏捷力的活动。	棋牌竞赛能消愁解闷、转移意念、开发智力、降低阿尔兹海默症的患病率，还能增进友谊、联络感情、驱除孤独。	麻将、桥牌、纸牌、字牌、军旗、象棋、五子棋、跳棋、飞行棋等。
知识类	知识类竞赛活动是综合使用多种文化艺术手段开展的竞赛方式，力促参加者理解和深化知识、提升智力水平。	知识竞赛在激发学习热情、拓宽知识面、开发智力潜能等诸多方面，有着显著的独特功能和卓有成效的积极作用。	消防知识问答竞赛；《中国共产党章程》知识竞赛；诗词抢答赛；成语接龙竞赛。
体育类	体育类竞赛活动是指以人体肌肉与骨骼的运动为主，以大脑和其他生理系统的运动为辅的比赛活动。	体育竞赛可以增强体质、愉悦身心、享受成就。但特别要注意的是老年人参加体育类竞赛活动时要尽量避免对抗性的比赛，如摔跤、橄榄球，激烈的运动容易导致老年人突发摔跤、脑出血和中风等风险。	打保龄球、套圈、踩地鼠、夹弹珠、吹乒乓球、掷沙包等。
文艺类	文艺类竞赛活动是指以文学和表演艺术的形式而进行的竞技活动。	通过活动能够充实老年人的晚年生活，提高生活质量，达到调节心情、锻炼身体的作用。	歌咏、绘画、书法、舞蹈、戏曲、T台秀、摄影等。

图 5-1　斗地主

图 5-2　下象棋

图 5-3　钞票统计

图 5-4　珠算

图 5-5　堆积木

图 5-6　投球入篮

三、老年人竞赛类活动的特点

针对老年人群的特征，老年竞赛活动有规则性、技术性、可重复性、可裁判性、简易性、广泛性和保健性等多种特点。

老年人竞赛类
活动的特点

表 5-2　老年人竞赛类活动的特点

特点	内　　容
规则性	"无规矩不成方圆"，规则是指规定出来供大家共同遵守的制度或章程。制定规则的用意是促进比赛正常、公平地进行，详细的规则也可以有效地规范选手的行为举止，提高整个比赛活动的公平公正，减少不必要的矛盾与纠纷。 除竞赛规则外，还应制定严格有效的赛场纪律和要求，来约束参赛者和观众的言行，杜绝任何可能干扰比赛、破坏赛场秩序的现象。
技术性	专业技术是竞赛类活动的核心所在。比赛项目具备一定的操作技巧，比如包括项目特定的理论知识、操作经验及比赛技巧等。设计竞赛活动时要充分考虑到老年人的特殊性和适用性，老年竞赛活动要具备技术难度低、技术创新度高、运动强度低等特点。
可重复性	对技术能力的反复优化是竞赛活动的本质所在，可重复性是精确重返特定目标的过程。因为可重复性，才激发了参赛选手不断精进自身技术，奋发不息的精神。

续表

特点	内　容
可裁判性	可裁判性是裁判能够通过一定的规章和规则对活动做出评判，使比赛能够公平公正地进行。裁判员既是竞赛中的"执法人员"，又是竞赛进行的组织者和领导者。裁判的水平高低不仅直接影响参赛人员的技术和战术的发挥，也直接影响比赛的效果。
简易性	老年竞赛活动的参与主体为老年人，这是特定的。老年群体阅历丰富，但身体各器官机能有不同程度的下降，动作和程序规则需要有所简化和容易达到，才能使得老年人从中寻找到获胜感和完成任务的喜悦感、成功感、自信感。
广泛性	当今的老年人常会自发组织和各类兴趣活动，相互之间比赛和竞争，但如果加入条件过于苛刻，会有很多老年人望而止步，所以老年竞赛活动要尽可能适应大众，适合大多数的老年人，以便吸引更多的老年人参与其中。
保健性	老年人的竞赛活动应当是可持续发展的，以提高身心素质为原则的。因此保健性是老年竞赛活动很重要的一个特性。

子任务二　掌握老年人竞赛类活动策划思路与组织要点

一、老年人竞赛类活动策划基本流程

老年人竞赛活动
策划的基本流程

1. 成立和组建组委会

组委会常由三个大的单位组成，分别为主办单位、承办单位和协办单位，部分赛事还会涉及媒体等类的支持单位。主办单位的主要职责是负责对赛事活动的指导、协调、把关，如组织相关老年单位、团队和个人积极参与赛事，对活动策划、法律事务、宣传报道等工作进行指导、把关。承办单位的主要任务则是负责赛事活动的具体策划与组织实施工作，将主办单位理念和精神落到实处。而协办单位则是提供相应帮助的单位。简言之，主办单位就是领导，负责统筹，协办单位就是其他部门，提供必要帮助，承办单位就是办事员，负责执行所有工作。

2. 明确组委会的组成与职责分工

根据竞赛活动的规模大小，有选择地构建部门分工(见表5-3)

表 5-3　竞赛活动组委会组织架构

部门	主要职责
康乐部	1. 负责策划、撰写、完善活动方案，细化比赛流程规则； 2. 做好详细财务及物料预算，准备好活动所需要的物资，确保比赛按照原定计划顺畅进行； 3. 负责处理组委会的日常事务，统筹安排各部门、各阶段活动的工作任务； 4. 做好参赛老年人的资格审查和报名工作，根据竞赛规程总则及各单项竞赛规程，汇总和印发总日程表、总秩序册、单项秩序册及各种竞赛资料、竞赛指南，抓好竞赛工作的组织实施。
康乐部	5. 邀请裁判员、志愿者，并做好裁判员、志愿者培训工作； 6. 座位和场地布置，把控活动场所整体布局； 7. 做好比赛现场记录，随时跟踪、完善比赛流程及相关细节，并能处理突发状况，做好协调应对方案； 8. 赛前、赛后宣传文字稿件等内容拟定； 9. 现场把控，时间、比赛秩序、比赛结果、开闭幕式等； 10. 汇总、核定各项目比赛成绩，发布成绩公报，编印总成绩册，审批创、超纪录事宜； 11. 负责奖杯、奖章、奖状和证书的设计与制作，制订颁奖计划并组织实施； 12. 负责参会老年人、工作人员和志愿者的纪念品发放工作； 13. 安排主持人工作，负责现场流程客串，应急协调。
办公室	1. 审核康乐部的财务及物料预算，确保物资齐全，比赛按照原定计划顺畅进行； 2. 审核康乐部上报的请示性公文，做好相关文稿起草以及文印、会务、行政、档案工作； 3. 帮助康乐部安排比赛和训练场地，落实比赛所需器材、设备； 4. 与康乐部做好各项筹备工作的组织、协调、联络和督促工作； 5. 负责(重大活动)开闭幕式活动及其他重要活动的协调工作； 6. 海报、横幅、展板、公众号等常规宣传物料制作及挂出、宣传报道； 7. 现场负责多媒体操作和展示片播放； 8. 记录现场情况，主要包括拍照片、录短片、闭幕合影等。
护理部	1. 协助康乐部进行深入的活动宣传； 2. 活动前后负责接送老年人入场、离场和根据安排指引老年人到指定位置； 3. 活动现场看护老年人，必要时给予帮助，确保参赛老年人的安全； 4. 协助康乐部控制时间，统计比赛结果，做好结果分析与整理； 5. 协助康乐部维持现场秩序，保证比赛顺利进行。
医疗部	1. 制定应急预案，负责比赛期间突发意外情况的医疗救护保障； 2. 协助康乐部控制时间，统计比赛结果，做好结果分析与整理； 3. 协助康乐部维持现场秩序，保证比赛顺利进行。

部门	主要职责
后勤部	1. 根据要求布置：(1)桌签、警示、导向牌的制作与摆放， 　　　　　　(2)比赛现场悬挂横幅、场地前排摆放， 　　　　　　(3)黑板装饰，说明比赛概况即可； 2. 多媒体设备、话筒等安装、调试； 3. 负责善后工作，物资的归还等； 4. 负责通信保障工作； 5. 加强用电安全的检查和指导； 6. 及时提供比赛举行期间的天气信息和应对方案。
志愿者	1. 前期接待和现场服务工作； 2. 选手及观众的现场指引工作，如门口指引入座、倒水、递话筒、收集评分条、颁奖等； 3. 善后工作，收集选手的反馈意见； 4. 现场协调参赛选手出场秩序。

3. 确定竞赛类型和赛制

竞赛类活动的重要表现形式和载体就是规模不等的各种赛事。各类比赛根据不同性质和标准可被命名为争霸赛、挑战赛、邀请赛、表演赛、团体赛、个人赛、业余赛、职业赛等。常见的赛制有循环赛制、淘汰赛制、打分赛制和混合赛制等。根据竞赛的不同类型、赛制以及参赛人数的多少，时间程序的安排上通常可有海选、复赛、决赛等。

表5-4　常见比赛规则

名称	定义	注意事项
海选	意为不设门槛，人人有机会，谁都可以参加。但也正因为如此，参加人数较多。	1. 人员过多，注意老年人安全； 2. 维持现场秩序，保证活动有序进行； 3. 人员过多，主办方应注意到每位老年人的情况，避免疏忽，导致老年人情绪波动。
复赛	淘汰制体育比赛中已通过初赛的队（或运动员）为取得决赛资格而进行的比赛。	1. 主办方应制定严格的比赛机制，把关老年人是否晋级； 2. 注意老年人情绪波动。
决赛	决赛就是经过竞赛的前几次或前几轮后，决定名次的最后一次或最后一轮比赛。	1. 确定活动是否公正公平，可以邀请公证员等； 2. 对淘汰的老年人进行情绪安抚； 3. 注意把握节奏，不应把活动安排气氛营造得过于紧张，遵循"友谊第一，比赛第二"的原则。

表 5-5　常见比赛类型

名称	定　义
锦标赛	锦标赛是指不同地区或竞赛大组的优胜者之间的一系列决赛之一。
公开赛	公开赛指不限制参加人员身份，职业及业余者皆可参加的比赛。
巡回赛	按一定的路线到各处进行比赛活动，通常都是一个赛事组织机构为了扩大该项目的影响力而在不同的地方举办比赛，每个赛点都会产生冠军，最终一系列的冠军会进行一场总决赛，以确定这个赛事的最终冠军。
联赛	指多人运动的比赛(如篮球、排球、足球等)中，三个以上同等级的队伍之间的比赛。
争霸赛/挑战赛	一般指全国范围的竞赛性比赛，类型涉及体育、娱乐、文化等。比赛的最后冠军一般称为全省冠军、全国冠军或世界冠军。
邀请赛	由一个单位或几个单位联合发出邀请，由许多单位参加的体育比赛。
表演赛	为扩大影响、交流经验而举办的比赛。着重于技术和战术演示，或活跃群众生活。一般不计名次。

表 5-6　常见赛制

名称	定　义
循环赛制	循环赛制，即在一场比赛中每一竞赛者均与除自身外的所有参赛者轮流捉对(抓阄分队)比赛，依据全部场次的比赛结果判定比赛名次。
淘汰赛制	淘汰赛制是一种竞赛形式，参赛者在输掉一定场数的比赛后会丧失争夺冠军的可能。
打分赛制	打分赛制是指通过分数高低直接决定胜负的比赛形式，这种比赛形式较为简单易行。
混合赛制	混合赛制就是将循环赛与淘汰赛等方法在比赛中先后使用，最后决出比赛名次，完成比赛工作。

4. 参赛条件与报名政策

参赛条件包括选手可通过何种途径报名、报名截止日期、报名费、年龄、性别、地域、单位等。对于老年人群，除了这部分还要包括身体状况、重大疾病史、心理和认知能力检查报告等。另外在报名时一定要老年人提供至少一位以上紧急联系人的姓名及联系方式。

5. 竞赛前期宣传工作

前期宣传旨在让更多的人群提前了解到比赛的相关信息，通常可以采用电视、电话、宣传单页发放、社区展板、楼宇视频广告，还可使用互联网站和社交平台宣传。

6. 竞赛纪律及控制

对于大多数的竞赛而言，基本的赛场纪律主要包括：

(1)选手只能在自己的比赛区域活动，不得随意走动。

(2)选手身上佩戴的标号必须是组委会统一制定。

(3)比赛时不得大声喧哗、打架、骂人。

(4)准时参赛，不迟到、不早退。

(5)比赛时不得接打电话、不得赛场吸烟等。

除此之外，由于竞赛活动主要对象是老年人，一旦出现违纪的现象，一定要妥善处理，要充分考虑到老年人的自尊与身体需求，切不可强势执行。

7. 裁判员与现场执裁

赛事执裁是比赛控制的关键环节，直接关系到比赛的成败。因此赛事对裁判员及其执裁水平有着较高的要求。裁判员不仅要公平公正，更要严肃执裁，还要做到熟悉比赛规则，严格按照赛程手册上的规则执裁，认真仔细，不放过任何一个细节，做到公平公正。

8. 竞赛的新闻报道

信息化时代，媒体的报道能够推动活动的影响力，但新闻一定要有新闻点，否则媒体很难报道或者报道的篇幅会很小。建议事先准备新闻通稿，并及时提供给媒体，或者将最完整的比赛资料发给媒体，以协助其全面了解比赛。对媒体提出的问题要及时答疑解惑，万万不可以认为记者到场就万事大吉了，一定要与他们多多沟通。

9. 开幕、闭幕流程

在有些大型竞赛赛事上，设有开闭幕环节，可根据自身赛事的实际情况做出增减。

表 5-7　常见开幕和闭幕流程

开幕流程	闭幕流程
(1)奏国歌(全体起立)； (2)致开幕词、介绍嘉宾、领导讲话； (3)裁判员代表宣誓、运动员代表宣誓； (4)裁判长宣读比赛规则、比赛纪律要求、注意事项、运动员比赛地点安排等； (5)领导宣布比赛开始。	(1)领导讲话，致闭幕词； (2)宣布成绩、总评这次比赛； (3)领导颁奖； (4)合影留念； (5)宣布比赛结束； (6)准备晚宴。

设有开幕式的活动一定要注意背景模板制作，主办、承办、协办以及媒体支持等单位要逐一核对单位全称不能有误。提前邀请嘉宾和志愿者，以免时间上的冲突。优秀的主持人很重要，不仅可以调节现场的气氛，还能迅速果断处理各种突发情况，主持人一般选择1～3名，分出正、副主持。

10. 提前发出比赛通知和秩序册

正常情况下，在竞赛活动开始前需提前一个月左右发出活动通知，让所有的参赛选手有足够的时间准备。秩序册是竞赛组织和竞赛秩序的依据，无论单项竞赛、中小型运动会，还是大型综合性运动会，其秩序册也都应提前下发。

11. 主持人的大致程序

在比赛的程序设置中，可以看出整个比赛过程都是由主持人进行调控，而且主持人还要对在竞赛过程中出现的意外情况进行处理。所以主持人必须事先对比赛过程进行精心设计，竞赛一旦开始，便是主持人发挥作用的时候了。

(1)宣布竞赛的开始，说清楚竞赛内容。

(2)宣读参赛成员、团队或是单位的名单及编号。

(3)宣布出席赛事的领导、名人、赞助企业及其他出席人员的大体邀请范围。

(4)宣布评委名单、职务、职称、序号。

(5)(如需)宣布竞赛规则。

(6)(如需)在整个竞赛中判定成绩，宣布得分(或扣分)情况，或参与判定成绩。

小贴士

秩序册的常见主要内容：

1. 竞赛规程及补充规定。

2. 组委会(领导小组)名单。

3. 各办事机构名单。

4. 运动员、教练员、裁判员守则。

5. 仲裁委员和裁判长、裁判员名单。

6. 各参赛队领队、教练员和运动员名单及编号。

7. 竞赛日程。

8. 竞赛分组。

9. 比赛场地和练习场地示意图。

10. 最高纪录表。

（7）宣布最后成绩，宣布名次。

（8）宣布颁奖。

（9）宣布竞赛活动结束。

12. 比赛结果公布及奖品（金）的发放

比赛结果和奖品能当天公布发放的，就不要拖到第二天，比赛结果要保证公正公平、不偏不倚。工作人员做好奖品（金）获得者的结果记录和领取记录。最后将获得名次的人员公布至各种宣传载体上，为下次比赛做宣传。

13. 做好收尾工作

在进行赛后总结和处理善后工作的时候，要注意以下工作内容：

（1）安排、协助老年人离场，确保他们安全回到房间。

（2）财务、物资清理结算，场地、器材、桌椅、用具等物资设备的归还和处理工作。

（3）工作总结和撰写宣传文稿并发布。

竞赛活动的组织没有对和错，只有成功和失败。成功就是老年人参与度高和反馈好，失败就是老年人的积极性低、参与人数少，导致主办部门唱独角戏，或是策划不当发生重大事故等。

二、老年人竞赛类活动组织与执行要点

1. 棋牌类老年人竞赛活动组织与执行要点

被列入国际、国内正式比赛项目的棋牌种类，如桥牌、围棋、中国象棋等，都有精确、完善的规则制度；而其他尚未正式列入竞赛序列的棋牌项目，也都有其较为具体、合理的不成文的看法和约定。尽管还不够统一、完善，但只要稍加整理和修订，也就基本能适应比赛的需要了。整理修订竞赛规则时要注意：

（1）规则必须完善。制定规则的基本要求就是完整性。规则的约束力应能制约竞赛的整个过程，如稍有疏漏，规则就可能对某个局部失去制约，比赛就可能由此而失控。

（2）规则必须科学合理。制定规则应正确研究和把握棋牌的内在规律，合理地设计编排规则的结构层次，尽量删繁就简，以便于参赛者和裁判员

老年人竞赛活动
组织与执行要点

记忆。

(3)规则必须明确具体。规则是对竞赛双方技术性动作的行为规范。所以，其文字表述一定要贴切标准、翔实具体。除竞赛规则外，还应有严格有效的赛场纪律和要求，来约束参赛者和观众的言行，杜绝任何可能干扰比赛、破坏赛场秩序的现象。

(4)为加强竞赛现场的控制调节，裁判员要负责总体指挥调度和技术仲裁，志愿者则维持秩序和安全工作。

(5)比赛开始前应由裁判长监督清点参赛人员和裁判就位，宣读讲解竞赛规则，强调赛场纪律和要求，然后发令开赛。

(6)比赛过程中，工作人员应时刻注意监察赛场变化情况，及时耐心提醒参赛者规范行为，督促观众文明观赛，遵守纪律，保证比赛有条不紊地顺利进行。

(7)比赛终了时，及时进行综合统计，排出竞赛名次，并组织最后的总结和发奖工作。

2. 知识类老年人竞赛活动组织与执行要点

(1)建立题库。

建立题库就是由出题人员搜集整理有关资料、设计编撰各类试题并对试题进行分类组合、择优选用的过程。这是一项复杂严密的综合性技术工作，应着重抓好如下环节：

①坚持正确的出题原则，出题要有智慧性，要有较大的知识量，还应给人以智慧上的启迪。

②出题要有趣味性，尽量做到意趣并茂，引人入胜。

③出题要有普及性，出题时应注重试题的教育普及价值，不能出偏题、怪题，试题应短小精练，难易适度。

④掌握科学的出题方法。

对于老年人而言更要重视出题方法的科学性，善于捕捉资料内容的内在联系予以关联组合，去启迪大家的联想，促进知识的融会贯通，达到举一反三的效果。

⑤灵活应用试题类型。

知识竞赛的试题是多样化的，如按其性质划分有概念题、数据题、原理题、应用题等；按其形式划分有填空题、计算题、判断题、选择题、实作题、抢答题、必答题、自选题等；按其方法手段来划分有口答题、笔答题、录音题、录像题、图板题、小品题、音乐题等。面对丰富多样的试题类型，关键在于灵活运用，合理地搭档配置，选择老年人适合的题型。

⑥择优选用试题。

试题的选择和答案的拟定，均应经出题人员反复讨论审改。出题的数量应比竞赛用题多一倍或数倍，以供择优选用。

(2)确定知识竞赛的记分方法。

①积分记分法是将各队各次答题的分逐渐相加，而取其总分的方法。这种记分法，可以答错不扣分，答对就得分，因而此种记分法只用于是必答题的赛事中。为鼓励各参赛队起见，可以有一个彼此相同的基础分。例如，每队的基础分均为 100 分。

②扣分记分法即将答题失败的分扣除，待应答之题答完，看各方所余之分为多少，多者胜，少者败。

③积、扣结合记分法是知识竞赛中最常用的一种记分方法。这种记分法具体运用过程为：先给参赛各组一个均等的基础分，而后按答题正误，正确则加之，错误则扣之。到一场竞赛结束，以分高者为胜，其他依分之高低排列名次。

④特别加分和特别扣分是在特殊情况下才使用的记分方法。回答题目有创见、有独到之处，或者对极为艰难的题目能极其准确而流畅地回答出来，博得了广大观众的热烈喝彩，可考虑给予特别加分。特别扣分，常常是由于选手违反了竞赛规则，如在问题尚未说完，或虽已说完而未宣布"开始"时就抢答，此时可宣布扣分。

⑤书面卷的知识竞赛，发出试卷时要标明如何记分以及各题的分数。注意答卷有时间限制，超出交卷时限的答卷一律不阅。

3. 体育类老年人竞赛活动组织与执行要点

(1)编排前的准备工作：

①统计参加比赛的队数、人数及报名项目情况，填写统计表，计划比赛

场数和比赛轮数。

②各项竞赛编组，根据参加比赛的队数、人数、赛次进行编组。

③编排竞赛秩序表(竞赛日程)

④汇编秩序册。

(2)体育类老年人竞赛活动编排方法。

常用的比赛编排办法：

①淘汰法：在比赛过程中，逐步淘汰失败者，最后赛出优胜者。一般在比赛时间充足、参赛者多的情况下使用。

②循环法：指参赛老年人按一定顺序与其他老年人逐一比赛的一种比赛形式。按胜负场数计分并决出名次。

③顺序法：指参赛的老年人按时间快慢、距离远近、重量轻重、分数多少等确定成绩的项目适用的办法。

④轮换法：在比赛时，将所有运动员分成若干组，并在同一时间内分别进行各个项目的比赛，比赛完一个项目后，各组依次轮换，再进行其他项目的比赛。

⑤混合法：同时采用淘汰法与循环法分阶段进行的比赛方法。

(3)体育类老年人竞赛活动编排原则。

在编排球类比赛时，应考虑强弱搭配、机会均等、时间合理、项目紧凑，还应考虑到场地、保卫、后勤等各方面工作的方便与可行性。

4. 文艺类老年人竞赛活动组织与执行要点

(1)预演工作。

在举行每一场比赛预演时，发放一些入场券或观摩券，使没有机会看到比赛现场的爱好者能够看到精彩的演出，不仅丰富文化生活，而且能得到一次次欣赏艺术的机会。

(2)颁奖活动。

比赛评选结束后，需要安排一次颁奖大会，并可由评出的优秀选手进行表演以进一步巩固比赛成果，扩大影响。

(3)扩大声势。

规模较大的文艺大赛，可以和新闻单位、文化单位联办，可请相关机构协办，这样既能扩大社会影响又能得到经济上的赞助，使文艺比赛开展得更有生气。

5．其他

（1）实施比赛的注意事项。

比赛前要再次核对参赛人员的名单，再次说明比赛规则、比赛时间，避免参赛人员投机取巧。为了避免独裁或是误判，尽可能地邀请一些与比赛项目相关的第三方专家参与评判，尤其是在专业技能比赛时，比赛结果需要同第三方参与人员共同协商确定。

（2）比赛周期的确定。

由于竞赛活动具有可重复性，所以很多活动项目可以反复举行。根据具体活动项目的大小和参与人员的需求，可以每年举行一次，也可以每季度举行一次，或是每月举行一次。

三、老年人竞赛类活动的评价

组织老年人参加竞赛类活动时，要不断总结经验，吸取教训，才能把活动组织得越来越好。因此，对每次活动的评价就显得越发重要。

老年人竞赛类
活动的评价

表 5-8　老年人竞赛类活动的评价

评价项目		具体评价内容
评价内容 （竞赛活 动阶段）	活动前	1. 参赛老年人是否对比赛项目熟悉； 2. 场地、音控设备等是否安排好； 3. 确定相关人员是否都通知到位； 4. 是否验证比赛规则的科学性和可操作性； 5. 所需要的物资、奖品是否准备齐全； 6. 裁判、工作人员、自愿者是否进行培训； 7. 比赛规则与注意事项是否讲解到位； 8. 突发应急情况是否有应急预案； 9. 是否安排影像人员负责拍摄。

续表

评价项目		具体评价内容
评价内容（竞赛活动阶段）	活动中	1. 老年人比赛时是否有异常情况； 2. 关注老年人活动中的投入状况，情绪、状态如何； 3. 比赛中选手、观众、志愿者有无违规违纪现象； 4. 比赛中老年人是否有出现脑梗、中风、摔跤等突发意外情况； 5. 整场比赛赛制、规则、流程、时间是否合适； 6. 正常比赛掌控程度是否好、比赛是否顺利进行； 7. 如厕、洗手是否方便。
	结束后	1. 老年人、嘉宾、志愿者是否安全离场； 2. 老年人对竞赛活动是否满意，有什么意见或者建议反馈； 3. 延伸活动，老年人是否增长了见识，提高了能力； 4. 物资设备是否归还、处理到位。
评价时机		对于竞赛活动的评价，可以穿插在活动的各个阶段，并一直延续到活动结束。这时，老年人对一系列活动印象深刻，意犹未尽，参与评价意识强。比如，准备时、比赛时、观赛时、领奖时，都有意识地提出该话题，让老年人畅所欲言。在老年人评价竞赛活动时，组织者要虚心听取，有必要的话可对活动适当调整和引导。
评价方式		组织者可以通过活动结束后个别访谈或抽样座谈以及填写调查问卷和不记名投票等形式进行评价。
评价人员		老年人、护理员、医护人员、后勤人员、志愿者、裁判、组织者等都可以参与评价。

 **实践训练**

　　某县民政局要举办年度全县老年人运动会，请同学们以小组为单位，成立运动会组委会，阐述和细化各组的工作职责。

任务二

掌握棋牌类竞赛活动

 任务目标

知识目标

通过具体情景案例，学习了解棋牌类竞赛活动的操作流程。

技能目标

掌握棋牌类竞赛活动的具体操作流程及方法。

 任务分解

棋牌类的活动有很多，棋类有象棋、军旗、五子棋、飞行棋等，牌类有八十分、斗地主、麻将等，本任务以××养护院象棋大赛为例进行阐述。

子任务一　设计、策划及实施
——××养护院象棋大赛

一、活动背景

棋牌运动在我国有着深厚的群众基础，是很健康的文化娱乐活动。棋牌活动不仅可提高人的记忆力和大脑思维能力，而且可以培养人们良好的品德修养和紧密协作、适应环境的团队精神。

二、活动目的

（1）推进养护院的文体活动，以棋会友，修身养性，让老年人在活动中感到快乐，得到幸福，进而安享晚年。

（2）丰富老年人的闲暇时间，减缓老年人记忆力下降和孤独

棋牌类
竞赛活动

现象的产生，帮助老年人充分利用时间，锻炼自己。

（3）给老年人一个展示自己、结交朋友的平台，拓宽老年人的社交渠道和朋友圈。

三、活动主题

以棋会友　棋乐融融

四、参与人员

院内对象棋感兴趣的老年人、康乐部成员、办公室成员、护理员、医生

五、组织单位

××养护院

六、活动时间

××年×月×日　13：00—15：30

七、活动地点

××养护院二楼活动室

八、活动流程

活动前：

（1）利用院内宣传栏进行宣传；拟定通知由护理部进行宣传。（参赛老年人可以在本楼层班组长处报名，也可以在康乐部报名，康乐部最终对参加活动的老年人进行汇总登记。）

"以棋会友　棋乐融融"象棋赛报名汇总表

姓名	性别	年龄	棋龄	楼层/房间

（2）邀请裁判、志愿者并对他们进行培训和分工。

（3）会场布置（制作横幅、张贴海报、设置记分板、摆放奖品等）。

（4）制定比赛规则和赛场纪律：

①遵循"友谊第一，比赛第二"的原则，讲究棋风、棋德，赛出风格，比出水平。

②实行单（败）淘汰赛制。

③双方猜拳决定红绿棋的归属，由执红棋的一方先走。

④第一轮获胜者进入复赛，复赛获胜者进入决赛，依此类推，最后决出优胜者。

⑤第一轮进行抽签对阵，后几轮进行首轮小组胜出者对阵。

5. 奖品设置及物资准备。

活动中：

（1）12:00—13:00，后勤人员协助康乐部人员进行场地安排，音响、投影调试。

（2）13:00—13:20，护理部人员协助康乐部人员接老年人至活动室；其他工作人员各就各位；志愿者协助入场的老年人抽签找组别和对手。

（3）13:20—13:30，主持人讲话并进行游戏讲解，裁判代表和参赛选手代表讲话。

（4）13:30—15:00，比赛正式开始（志愿者随时帮助不明白比赛规则的老年人）。

（5）15:00—15:30，颁奖仪式。

（6）15:30，活动结束并合影留念。

活动后：

（1）护理人员送老年人回楼层。

（2）后勤部、医疗部、办公室、康乐部人员做场地清理。

（3）收集活动照片和视频并转发家属群。

（4）撰写新闻简稿，发送在院微信公众号内。

（5）写活动总结并上报。

九、活动奖品

第一名：象棋一套

第二名：洗护用品全套

第三名：洗发水

参与奖：香皂

十、人员安排

岗位	姓名	职　责	联系电话
会场总负责人兼主持人		负责会场内工作的整体协调，对会场内总体工作负责；活动主持。	
礼仪、接待（3人）		负责协助老年人入场、指引、接待、颁奖工作，发放资料，讲解赛场规则等。收发评分结果，统计分数并交给主持人。	
医务人员（1人）		防止老年人突发病的发生而设定，医生经验丰富，能够独立处理突发事情。比赛中协助志愿者讲解比赛规则。	
维修人员（1人）		负责音响调试、幻灯片放映等维修调试类工作。	
志愿者（2人）			

十一、经费预算

项目	数量	金额（元）	备注
象棋	5副	100	中国象棋
会场布置及宣传	1块	200	展板、横幅等
尿布	1包	50	
尿垫	2包	60	
洗发水	3瓶	75	
香皂	20块	160	
选手瓜果等	若干	100	
合计		745	

十二、备注

（1）鉴于棋牌类比赛不同于其他体育比赛，本次大赛需要一个较为安静的氛围，有利于选手的发挥。需要工作人员协助维持好赛场内的秩序，保证参赛选手能够最大限度地发挥自己的实力。

（2）观棋不语真君子，工作人员要提醒观战的老年人和员工不要为比赛选手支招儿。

（3）注意赛场卫生，确保活动过后场地的清洁卫生。

（4）遇到突发疾病，由医生及时给予应急急救，必要时拨打 120 送医治疗。

（5）活动中发生争吵等现象，志愿者及护理部人员及时制止并调解。

子任务二　活动实况及经验分享

本次象棋竞赛参赛的老年人虽然不是很多，但不管是参赛者还是观众大家都兴致盎然，有位老爷爷平日不爱参加活动也不爱说话，但今日参赛表现很活跃，当想要"露一手"时，无奈自己的对手也比较厉害，最终打了个平手。

图 5-7　活动宣传

图 5-8　规则讲解

图 5-9　"看我出马"

图 5-10　比赛中

"以棋会友　棋乐融融"象棋赛活动经验分享

项　目	内　　容
经验分享	优点： 1. 打破常规的棋牌活动，设立竞赛及奖品激励，鼓励老年人积极参加活动，增加了参与感。 2. 给了老年人一个展示自己、结交朋友的平台，拓宽老年人的社交渠道和朋友圈。 3. 棋牌类活动有利于减缓老年人记忆力下降以及阿尔兹海默症的发展，宜多组织。
	缺点及对未来的建议： 1. 活动时间的安排要尽可能符合老年人的作息时间。所以活动安排在 1.5 小时左右，老年人精神状态最佳的时候，且时间控制在 1.5 小时左右。 2. 安排医护人员在旁守护，大部分老年人都表示比赛起来很心安。 3. 比赛场所和通道要尽可能宽敞，以方便行动不便或是坐轮椅的老年人入席。 4. 在活动现场安置明显的卫生间向标，以方便老年人及时解决如厕问题。 5. 下次组织棋牌赛的时候可以多类别一起组织。 6. 建议先确定报名老年人人数，然后再采购奖品，避免出现物资不足或浪费。

 **实践训练**

　　试着和同学一起策划一场"歌曲对对碰"的知识竞赛，并收集知识类竞赛有几种计分方式，找出最适合歌曲对对碰的计分方式。

任务三

掌握体育类竞赛活动

 任务目标

 知识目标

通过具体情景案例，学习了解体育类竞赛活动的操作流程及注意事项。

技能目标

掌握体育类竞赛活动的具体操作流程及方法。

任务分解

常用的体育类竞赛活动有趣味套圈、打保龄球、沙包投篮、乒乓竞走、投筷进瓶、打地鼠等，此类活动也是养老机构中最常开展、老年人最喜欢的竞赛类活动。本任务以××养护院"我运动，我健康，我快乐"老年趣味运动会为例进行阐述。

子任务一　设计、策划及实施
——××养护院老年运动会

一、活动背景

老年运动会

生命在于运动，为丰富老年人文化体育生活，增强老年人身体素质，引导乐观向上的心态，××养护院开展"我运动，我健康，我快乐"金秋老年趣味运动会。

二、活动目的

(1)陶冶情操，颐养精神，交流思想，锻炼身体。

(2)丰富老年人晚年的精神文化娱乐生活，增进老年人之间的交流，让他们时时刻刻能感受到养护院大家庭的温暖。

(3)提高老年人们的活动兴趣，增加他们的参与积极性。

三、活动主题

我运动，我健康，我快乐

四、参与人员

养护院老年人、康乐部员工、综合办公室员工、护理部员工、后勤部员工

五、组织单位

××养护院

六、活动时间

××年×月×日　14:00—15:45

七、活动地点

××养护院二楼活动室

八、活动流程

活动前：

(1)确定运动会比赛项目。

趣味套圈、打保龄球、沙包投篮、乒乓竞走、投筷进瓶

(2)利用院内宣传栏进行宣传，拟定通知由护理部进行宣传，参赛人员统一到康乐部报名，康乐部最终对参加活动的老年人进行汇总登记。

"我运动，我健康，我快乐"老年趣味运动会报名汇总表

趣味套圈	打保龄球	沙包投篮	乒乓竞走	投筷进瓶

(3)准备活动所需要的物品及奖品。

(4)康乐部拟定比赛项目游戏规则，统一指导、培训参赛人员进行训练、学习。

××项目　　　记分表(正面)

裁判：　　　　　　　记分员：　　　　　　　协助人员：

姓名	得分	备注

规则(反面)

比赛项目：趣味套圈

物资准备：套圈 10 个，圆形柱 1 个，红色透明胶 1 卷

距离：2 米

比赛规则：每人只有一次机会，10 个圈，投中 1 个得 2 分，总分 20 分。脚不能过线，越线犯规，当次成绩作废。

规则（反面）

比赛项目：打保龄球

物资准备：保龄球 10 个，圆形球 1 个，红色透明胶 1 卷

距离：2 米

比赛规则：推球冲击保龄球，推倒 1 个保龄球得 2 分，10 个保龄球共 20 分，每人 3 次推球机会。脚不能越线，越线犯规，当次成绩作废。

规则（反面）

比赛项目：沙包投篮

物资准备：沙包 10 个，垃圾桶 1 个，红色透明胶 1 卷

距离：2 米

比赛规则：往垃圾桶内扔沙包，投进 1 个沙包得 2 分，10 个沙包共 20 分。脚不能越线，越线犯规，当次成绩作废。

规则（反面）

比赛项目：乒乓竞走

物资准备：乒乓球 10 个，脸盆 2 个，桌子 1 张

比赛规则：桌上并排放置 2 个盛满水的脸盆，在离参赛者最近的盆内放置 10 个乒乓球，参赛者需在 2 分钟内把乒乓球从盆内吹至另一个盆中，转移 1 个得 2 分，10 个球共 20 分。只能嘴吹，不可用手，犯规者不得分，掉出者不得分，超时者不得分。

规则（反面）

比赛项目：投筷进瓶

物资准备：矿泉水瓶 10 个，筷子 10 根，桌子 1 张

比赛规则：放置一张桌子，桌子一面站着参赛者，桌子另一面放置一个矿泉水瓶，参赛者将筷子拿起齐桌面高度，然后将筷子投入水瓶内，投入 1 根，得 2 分，10 根共 20 分，每位参赛者一次机会。高度不够者不得分。

（5）裁判邀请及人员分工。

（6）场地布置。

活动中：

（1）11：00—13：30，布置场地、安排桌椅。

（2）13：30—13：50，老年人入场。

（3）13：50—14：00，开幕式（主持人开场、领导致辞、主持人介绍游戏规则、宣布比赛正式开始）。

（4）14：00—14：15，趣味套圈。

(5)14:15—14:45，打保龄球。

(6)14:30—15:00，沙包投篮。

(7)14:45—15:15，乒乓竞走。

(8)15:00—15:30，投筷进瓶。

(9)15:30—15:45，闭幕仪式(颁奖仪式)，颁发各项奖品。

活动后：

(1)志愿者协助护理人员送老年人回房。

(2)其他部门员工搬运桌椅、归还物品。

(3)清扫场地。

(4)收集照片、视频并转发家属群。

(5)撰写新闻稿发布在微信公众号内。

(6)总结活动并上报。

九、活动用品

趣味套圈：套圈10个，圆形柱1个，红色透明胶1卷

打保龄球：保龄球10个，圆形球1个，红色透明胶1卷

沙包投篮：沙包10个，垃圾桶1个，红色透明胶1卷

乒乓竞走：乒乓球10个，脸盆2个，桌子1张

投筷进瓶：矿泉水瓶10个，筷子10根，桌子1张

十、人员安排

1. 康乐部

(1)负责比赛场地布置，准备话筒2支。

(2)播放音乐，负责拍照人员1名。

2. 护理部

(1)负责组织老年人参与活动及照看场上老年人安全。

(2)演出结束后，负责老年人安全离场。

3. 医务部

医务部安排1名医护人员负责场上医疗服务。

比赛项目	趣味套圈	打保龄球	沙包投篮	乒乓竞走	投筷进瓶	
裁判员						
记分员						
协助人员						

十一、经费预算

项目	数量	金额(元)	备注
趣味套圈	1套	20	
保龄球	1套	50	
沙包	10个	30	
乒乓球	20个	15	
红色透明胶	1卷	5	
奖品	若干	170	沐浴露、袜子、润肤霜、餐巾纸等
合计		290	

十二、备注

(1)活动工作人员必须服从总指挥和总调度，保持手机通信畅通。

(2)活动工作人员必须严格遵守活动安排，按时完成工作任务。

(3)宣传工作做到位，确保参与人数。

(4)确保活动准备充分。

(5)活动过程中注意现场，维持现场秩序。

(6)活动工作人员必须尽心尽责。

(7)活动期间确保老年人安全。

子任务二　活动实况及经验分享

运动会现场，虽然没有激烈的身体对抗，但每一个比赛项目考验的都是老年朋友们眼和手的协调能力，整个比赛现场氛围高涨，又不时传出一阵阵欢乐的笑声，既有竞争性又充满趣味性。本次运动会展现了在院老年人的风采，丰富了他们的精神文化生活，营造了"展示阳光心态、体验美好生活"老有所乐的良好氛围。老年人们都玩得特别开心，活动结束还意犹未尽，称下次还要再参加。

图 5-11　投筷入瓶

图 5-12　乒乓竞走

图 5-13　趣味套圈

图 5-14　裁判分数统计汇总

"我运动，我健康，我快乐"老年趣味运动会活动经验分享

项　目	内　　容
经验分享	优点： 1. 游戏多样、趣味性强、难度适宜，老年人参与度高。 2. 现场临时针对轮椅老年人和站立的老年人设立不同评分标准，人性化的操作让参赛的老年人很开心。
	缺点及对未来的建议： 1. 套圈和沙包入篮和投筷入瓶三个游戏性质相近，有点重复，建议下次可以岔开。 2. 建议老年运动会之前给老年人一周的练习时间，让他们熟悉游戏、摸索技巧。 3. 游戏顺序安排上，先易后难、难易交叉，这样有助于提升老年人的积极性和自信心。 4. 了解活动当天天气信息，并有应对方案。

 **实践训练**

1. 以小组为单位，编写一份以九九重阳节为背景的体育类竞赛活动策划书，并与其他小组交换评价。

××活动策划书

一、活动背景
二、活动目的
三、活动主题
四、参与人员
五、组织单位
六、活动时间
七、活动地点
八、活动流程
九、活动用品
十、人员安排
十一、经费预算
十二、备注

2. 分析室内活动和室外活动的优缺点。

任务四

掌握文艺类竞赛活动

 任务目标

🔴 **知识目标**

通过具体情景案例，学习了解文艺类竞赛活动的操作流程。

🔴 **技能目标**

掌握文艺类竞赛活动的具体操作流程及方法。

 任务分解

常用的文艺比赛有图画类（涂色、描绘），手工类（丝网花、编制类、串珠），书法类，歌舞类等，形式丰富多彩。文艺类的活动是养老机构中日常康乐活动的特色。本任务以××养护院"秋韵相伴 创意无限"树叶贴画比赛为例进行阐述。

子任务一 设计、策划及实施
——××养护院树叶贴画活动

一、活动背景

秋天是个美丽的季节，秋姑娘挥舞着神奇的魔法棒，大地到处铺上了金黄色的地毯。道路旁，千姿百态的树叶，有的像手掌，有的像羽毛……那么美妙！为了让老年人亲近自然，感知季节的变换，留住一份秋的回忆，特组织开展树叶贴画比赛。

树叶贴画活动

二、活动目的

通过欣赏感受树叶贴画艺术的美丽，激发老年人创造的欲望和学习热情，培养老年人的动手、动脑能力和审美能力。

三、活动主题

秋韵相伴　创意无限

四、参与人员

××养护院老年人、员工

五、组织单位

××养护院

六、活动时间

××年×月×日，13:00—15:40

七、活动地点

××养护院二楼活动室

八、活动流程

活动前：

(1)告知护理部或者直接到楼层通知老年人树叶贴画竞赛活动。

(2)收集各种适合贴画制作的树叶材料。

(3)挑选整理各种形状的树叶，准备彩笔、硬纸板、彩色卡纸、剪刀、胶棒、双面胶等。

(4)收集一些简单、易操作的贴画样式供参考和观摩。

(5)邀请评委和志愿者，解说评分标准。

"秋韵相伴 创意无限"树叶贴画比赛评分表

姓名	想象力 （35分）	贴画水平 （30分）	构图完整度 （20分）	色彩搭配 （20分）	整洁度 （15分）	总得分

活动中：

(1)13:00—14:00，康乐人员布置好活动场地、桌椅、背景及音乐等。

(2)14:00—14:30，护理人员协助康乐人员接老年人到二楼活动室参加活动。

(3)14:30—14:40，主持人宣布活动开始，解说比赛规则和评分标准。

(4)14:40，比赛正式开始；因考虑到参赛人员身体原因的特殊性，志愿者和工作人员从旁指导、协助。

(5)15:30，比赛结束，评委对每样作品进行点评和打分。

(6)15:40，选出获奖作品，并颁发奖品、合影。

活动后：

(1)活动结束，护理人员送老年人回房。

(2)收拾活动场所，归还工具、还原桌椅。

(3)收集照片、视频，编写文稿，发布微信公众号。

(4)整理老年人作品、过塑在大厅展示。

(5)活动总结并上报。

九、活动用品

序列	物品	备注
1	各种树叶若干	
2	白纸、彩纸各15张	

续表

序列	物品	备注
3	剪刀 6 把	
4	双面胶 4 卷	
5	不干胶 2 个	
6	彩笔、铅笔、橡皮 2 套	
7	贴画	

十、人员安排

姓名	分工	具体事项
××	策划/摄影	策划活动流程　摄影/拍照
××	主持人	主持整场活动
××	评委 1	对老年人作品进行点评
××	评委 2	对老年人作品进行点评
××	评委 3	对老年人作品进行点评
××	评委 4	对老年人作品进行点评
××	志愿者 1	协助布置活动室、协助老年人贴画
××	志愿者 2	协助布置活动室、协助老年人贴画

十一、经费预算

项目	数量	金额(元)	备注
奖状	6 张	30	
洗发水	1 瓶	15	
香皂	2 块	10	
餐巾纸	3 盒	9	
润肤霜	24 瓶	72	
双面胶	4 卷	12	
胶棒	2 支	10	
合计		158	

十二、备注

(1)老年人使用利器时需有护理人员或志愿者看护和帮助，以防伤到老年人自己和他人。

（2）贴画过程中因考虑到老年人的身体实际状况，志愿者维持活动现场秩序的同时，适当给予老年人协助。

（3）评委评分须公正、公平、公开，不得偏袒。

（4）志愿者和工作人员要顾全会场每一位老年人，让每个人都参与其中。

子任务二　活动实况及经验分享

活动初期一位爷爷束手无策、愁眉苦脸，志愿者鼓励其动起手来，老年人多次不予理睬，另一位志愿者与老年人沟通，共同选材定主题，然后让老年人自己粘贴，并不停地予以夸奖，老年人情绪逐渐兴奋起来，最后逢人就展示自己的作品。颁奖时其作品并未获奖，但老年人自认为自己的作品很漂亮，一直等着上台领奖，主持人临时决定增加奖项颁予老年人，老年人最后开开心心地离开了活动室。

图 5-15　采集树叶

图 5-16　老年人给员工讲解自己作品

图 5-17　评委现场打分

图 5-18　老年人作品

在这类活动中一定要做好前期作品收集工作，同时评分标准和结果也要透明化，要兼顾所有参赛人员的心理动态，否则这类活动极易失败或得到负面的结果。

"秋韵相伴　创意无限"树叶贴画比赛活动经验分享

项　目	内　容
经验分享	优点： 1. 活动符合季节贴近自然，操作性强。 2. 考虑到老年人的实际情况，活动前期准备工作充分，活动中期开展顺利。 3. 评分标准和结构透明化。 4. 本次活动设立了一、二、三等奖的奖状，拿到奖状的老年人很开心，效果很好。
	缺点及对未来的建议： 1. 操作性的活动，志愿者要给予老年人必要的帮助，多带动、多鼓励，让老年人参与其中，动起来。 2. 志愿者维持秩序的同时要兼顾参赛人员的心理动态，否则这类活动极易失败或得到负面的结果。 3. 参加比赛没有得到名次的老年人，也需要设立特别参与奖，给老年人颁发奖品，积极鼓励老年人下次参与。 4. 物资准备时奖品尽量多准备一些，以备多出来的奖项需要。

实践训练

1. 元旦即将来临，某养老院准备筹备一次舞蹈比赛，以小组为单位，编写一份文艺类竞赛活动策划书，并与其他小组交换评价。

2. 请同学们思考如何更好地运用外界资源来协助举办老年人文艺类竞赛活动。

项目六　策划组织老年人观赏类活动

 项目情景聚焦

　　老年人观赏类活动，是指在一定的情境中，组织老年人观看、欣赏各类表演或自然风光等适合老年人身心特点的活动。通过参与各类观赏活动，老年人可以增长见识，感受氛围，愉悦心情，抒发情感，增加交流，提升生活的幸福感。老年人观赏类活动根据参与形式的不同，可以分为现场观赏类活动和非现场观赏类活动。老年人观赏类活动具有注重参与感与获得感、观赏内容与老年人需求匹配、存在一定的时效性等特点，深受老年人喜爱。

 项目目标

　　通过学习本项目内容，同学们能全面了解老年人观赏类活动的定义、流程、执行管理、效果评估等，学习现场类观赏活动和非现场类观赏活动的具体策划和组织。

任务一

老年人观赏类活动策划组织概述

 任务目标

 知识目标

1. 全面学习了解老年人观赏类活动的定义、分类、特点等内容。

2. 领会老年人观赏类活动的价值和意义。

 技能目标

1. 掌握老年人观赏类活动的基本流程。

2. 学会老年人观赏类活动的执行管理。

3. 能够对老年人观赏类活动的效果做出客观评价。

 任务分解

子任务一　掌握老年人观赏类活动的基本概念

一、什么是老年人观赏类活动

老年人观赏类活动，是指在一定的情境中，组织老年人观看、欣赏各类表演、影视、民俗文化、自然风光等适合老年人身心特点的活动。通过参与各类观赏活动，老年人可以增长见识，感受氛围，愉悦心情，抒发情感，增加交流，提升生活的幸福感。

图 6-1　老年人参观科技馆

图 6-2　老年人观看阅兵式

二、老年人观赏类活动的分类

老年人观赏类
活动的分类

根据参与形式的不同，老年人观赏类活动可以分为现场观赏类活动和非现场观赏类活动两大类。

1. 现场观赏类活动

现场观赏类活动中，老年人自身参与到活动现场，身临其境，活动观赏体验感较强，对老年人的身体状况也有一定的要求。对于组织者来说，现场观赏类活动涉及具体的观赏地点、观赏对象、相关单位等，对策划、组织整个过程有较高的要求。根据观赏对象的类别，现场老年人观赏类活动主要包含以下几种。

表 6-1　现场观赏类活动

类别	内容简介
现场表演观赏	歌舞、戏曲、相声、小品、朗诵等现场表演观赏。
自然景观观赏	花鸟鱼虫、青山绿水、日出日落等自然景观观赏。
艺术作品观赏	书法、绘画、手工、设计等作品观赏。
民俗活动观赏	庙会、舞龙舞狮、春节灯展、冰展等民俗活动观赏。
历史文化景点观赏	历史博物馆、革命纪念馆、科技馆等历史文化景点参观。

2. 非现场观赏类活动

随着互联网的普及，信息传播变得简单便利。非现场观赏类活动，就是借助电视、多媒体等媒介让老年人观赏到感兴趣的各种节目、表演、信息、资讯等。非现场观赏类活动既可以丰富老年人的日常生活，也可以让老年人了解社会环境的发展变化。相对现场观赏类活动来说，非现场观赏类活动组织相对简单，其主要类别包括以下几种。

表6-2　非现场观赏类活动

类别	内容简介
影片观赏	经典老电影、喜剧电影、传记电影等影片观赏。
电视节目观赏	戏曲节目、养生保健、新闻报道、体育赛事等观赏。
大型庆典直播观赏	中华人民共和国成立70周年阅兵仪式等大型庆典直播观赏。

老年人观赏类
活动的特点

三、老年人观赏类活动的特点

表6-3　老年人观赏类活动的特点

特点	内容简介
注重参与感与获得感	老年人观赏类活动，老年人主要的参与方式是观看、欣赏。为了让老年人获得更好的活动体验和感受，在组织方式上要注重引导老年人与观赏的对象和内容产生连接，比如，询问老年人的收获感受，提供观赏对象的相关信息以及参与互动的机会等。
观赏内容应与老年人需求匹配	观赏类活动的组织目的是让老年人获得一些积极、美好的体验。在观赏对象、内容的选择上，组织者应选择积极、正面、符合主流价值观、与老年人兴趣爱好相符的内容，避免消极、低俗、价值观有争议、老年人不感兴趣的内容。
存在一定的时效性	观赏类活动，因为部分观赏对象与节气相关，活动组织存在一定的时间限制。如青山绿水、日出日落等自然景观，春节灯展、冬季冰展等民俗活动，都只能在特定的时间组织观赏。
组织单位的联动性	观赏类活动顺利、安全、圆满的组织，不仅需要工作人员与老年人之间形成良好互动，还涉及获取相关单位的支持，如演出单位、活动组织单位、志愿者团队等。

子任务二　掌握老年人观赏类活动策划思路与组织要点

一、老年人观赏类活动策划基本流程

1. 明确观赏活动的目的

活动策划应以人为本。策划一场老年人活动，应当以满足

老年人观赏类活
动策划基本流程

服务对象的实际需要为目的。一场观赏活动，可满足老年人以下一种或多种的需求。

(1)感受生活中美好的事物，愉悦心情，陶冶情操。

(2)防止与社会脱节，增长见识，接受新的信息资讯，了解国家、社会发展变化。

(3)减少孤独感，增加社会互动，促进沟通交流，加强社区融合。

(4)体验特定的节气氛围，丰富日常生活，提升幸福感。

2. 确定观赏活动内容

确定观赏活动的主要目的之后，要继续思考如何设计观赏活动的主题和内容，才能保证活动目的的达成，才能确保老年人的需求得到相应的满足。我们可以从以下方面来确定思路。

(1)针对老年人的需求，观赏的对象或者内容有哪些选择？什么观赏内容对老年人会更有吸引力，更适合老年人参与？

(2)确定后的观赏内容是现场类，还是非现场类？能否找到合适的场地来开展活动？

(3)现场观赏内容参考：歌舞、戏曲、相声、小品、朗诵等现场表演；花鸟虫鱼、青山绿水等自然景观；书法、绘画、摄影、设计等作品；冰雕、灯饰等展览。

(4)非现场类观赏内容参考：影片放映、电视节目播放、重大庆典活动直播等。

3. 链接相关资源

观赏活动的主要内容确定后，要尽早为观赏活动寻找必要的场地、支持单位、志愿者等资源，确保观赏活动可执行。

(1)链接外部观赏场地。活动可能涉及公园、景点、广场、剧院等外部场地，组织者要实地查看，并与场地负责人对接好收费、需要的证件、适宜时间、适老化观赏线路、中场休息点、观赏讲解人、停车等事项。

(2)链接支持单位。除了将老年人组织到外部观赏场地，也可以考虑链接相关观赏活动的组织单位，将观赏内容输送到老年人居住的社区或机构中，减少活动的组织难度，让更多老年人获得观赏体验。

(3)链接志愿者团队。受老年人身体机能衰退，适应、反应等能力下降的影响，观赏活动要尽量招募培训志愿者参与，分担老年人陪同、观赏内容讲解、物资搬运等工作。

4. 撰写活动方案

活动方案是活动的具体步骤、细则，也是活动的执行指南。方案内容包括观赏活动开展的背景目的、组织单位、支持单位、时间地点、参与对象、活动流程、前期筹备、现场人员分工、经费预算、安全保障、应急预案等。一份好的活动方案，可以让相关参与人员清楚每个流程、环节应该如何参与配合。

活动方案撰写方法，可以借鉴已开展过的、成熟的活动方案，也可以尝试头脑风暴法讨论分析。活动方案需要根据实际情况的变动，做出修改调整，逐步完善。

5. 做好充足的准备工作

根据活动方案，按时间节点要求，认真做好观赏活动的前期准备工作。

活动通知宣传：可选择工作人员口头通知；张贴宣传单；电话邀请等方式。

参与人员确定：根据场地规模、陪同人员、交通工具等确认老年人的数量、名单。

活动场地布置：提前调试设施设备，并为老年人营造舒适、便利的观赏环境。

活动流程确定：流程要完整，注意劳逸结合，时间尽量精确到每五分钟。

人员培训分工：对工作人员和志愿者针对流程、工作职责、岗位要求、注意事项等系统培训，让工作人员、志愿者按照活动要求认真参与进来，是准备工作的重中之重。

活动物资筹备：横幅等宣传物料；血压计、救心丸等医疗用品；扩音器、音响、话筒等。

出行方式和线路：若观赏地点涉及外出，还要安排合适的出行方式、线路等。

出行安全保障：外出观赏要秉承安全第一的原则，要配备好医疗人员以及足够的陪同人员，尽量为老年人和志愿者购买相关的保险。

老年人观赏类活
动执行与管理

二、老年人观赏类活动执行与管理

1. 老年人的组织与陪同

(1)提前将活动通知到位，提醒携带好个人的药品、眼镜、衣物等。

(2)确保老年人能按时到达集合场地，活动能按规定的时间开始。有行动不便的老年人，安排工作人员或志愿者接送。

(3)为参与活动的老年人安排适当的观赏位置。为防止混乱拥堵，可提前制订座次表。轮椅停放位置应足够宽敞，方便进出。

(4)安排工作人员或志愿者全程陪同，并做好基础服务，随时关注老年人的身体、情绪等各方面情况，协助老年人上厕所、喝水、用药、增减衣物等。老年人需要帮助时，能及时获得。

2. 老年人现场的参与互动

(1)活动前期，为老年人分发观赏活动的相关宣传资料，让老年人有一个基础的印象。

(2)邀请工作人员或志愿者，对观赏对象相关联的文化、内涵、寓意等进行介绍和说明，让老年人在观赏过程中收获相关的知识。

(3)安排工作人员适当照顾行动不便、听力衰退等老年人，为他们进行个别化的补充说明，尽量让每位参与老年人有较好的体验感。

(4)鼓励老年人结合自己的经历，分享自己参加观赏活动的感受与收获。

3. 活动流程把控

(1)活动正式开始前，向老年人做好活动安排的说明，让老年人对活动流程有基础的了解。

(2)活动过程中，组织者要确保活动环节、流程按时间进度有序进行。既要防止衔接不上出现冷场的情况，也要防止时间拖沓过长的情况。

(3)建立有效的沟通-反馈机制，确保老年人跟上活动节奏，获得老年人对各流程的配合与支持。

(4)预留部分时间拍照，为老年人保留美好回忆。

4. 组织人员的沟通协调

(1)根据观赏活动的需要，现场各项工作职责分工到工作人员或志愿者。

- 主持人、主负责人
- 协调组织
- 交通对接（如有外出）
- 观赏内容讲解
- 老年人陪同
- 拍照摄像
- 设备调试
- 健康监测
- 生活护理
- 物资搬运

（2）加强工作人员、志愿者之间的沟通交流。活动开始前，让各岗位工作人员充分认识自己的职责所在。活动过程中，要确保各岗位工作人员认真履行职责，保障活动顺利开展。如果人员安排紧张，一人可能多岗，对工作人员间的调配与合作有更高的要求。

5. 场地的布置整理

（1）不同类型的观赏活动对场地布置有不同的要求。自然景观、艺术作品、民俗活动、历史文化景点等现场观赏类活动一般都在特定的外部环境中，场地布置主要是补充必要的适老化设备与设施。如增加坐便器、准备备用轮椅等。节目表演等现场类观赏活动，则需要提供较大的表演空间，调试必要的音响话筒，布置背景墙、横幅等。

（2）影片放映、节目观看、大型庆典活动直播观看等非现场观赏类活动的场地布置包括老年人座椅摆放以及电视、多媒体等设备提前调试，确保设备无故障、信号稳定。

6. 突发事件的应对处理

（1）老年人身体不适。参与不同观赏活动要对老年人的健康状态有要求。如有不适，医护陪同人员应及时关注，妥当处置。如有必要，尽早送医救治。

（2）设备故障。提前调试设备，如有故障问题，尽快维修或使用备用设备。

（3）老年人对观赏内容不感兴趣。了解具体原因，如果是组织方客观的原因，及时做出调整。如果是老年人主观上不喜欢，不需要强迫，顺应老年人的个人意愿。

（4）发生冲突。安抚冲突双方的情绪，了解冲突发生的原因，可邀请双方认同的第三方适当介入。如与组织方相关，组织者应主动担责，化解冲突。

三、老年人观赏类活动的评价

老年人观赏类活动的评价

活动效果如何，需对策划、组织的各个环节进行动态评价，看活动是否完成设定的目的，是否回应老年人的需求，不断地反思总结，积累活动经验。

1. 评价内容

表 6-4　评价内容

观赏活动阶段	评价内容
观赏前	1. 观赏内容是否对应老年人需求，是否有吸引力； 2. 老年人身体、精神状态是否能参与观赏活动； 3. 老年人个人物品是否完备，如药品、助行工具、衣物等； 4. 老年人对观赏活动安排及注意事项是否有基础的了解； 5. 组织者能否胜任此项工作； 6. 其他参与人员是否具备相关经验或经过培训； 7. 参与人员对观赏活动安排及工作职责是否清晰； 8. 观赏场地、线路、出行方式等能否给老年人较好的体验； 9. 必要的物资是否配带齐全。
观赏中	1. 活动流程是否按计划进行； 2. 陪同人员是否照顾好各位老年人； 3. 老年人是否投入观赏活动中； 4. 老年人情绪状态如何； 5. 老年人如厕、饮水、用药等是否做了细致安排； 6. 老年人在观赏活动现场是否影响到其他人； 7. 老年人是否有发生意外情况，意外情况是否予以及时妥当处置。
观赏后	1. 老年人谈感想是否积极踊跃； 2. 老年人对观赏活动是否满意，有什么意见或建议； 3. 老年人如何评价参与人员的表现； 4. 观赏活动是否满足了老年人的需求； 5. 支持单位、志愿者对参与活动印象如何，有什么意见或建议。

2. 评价时机

对于观赏活动的评价，可以穿插在活动的各个阶段，并一直延续到活动结束。这时，老年人对一系列活动印象深刻，意犹未尽，参与评价意识强。评价时机可以选择在观赏过程中、回程途中、老年人进餐时，有意识地提出该话题，让老年人畅所欲言。在老年人评价此次观赏活动时，组织者要虚心听取。

3. 评价方式

组织者可以选择一种或多种方式来评价：观察活动现场老年人的反应、面对面询问参与人员的感受、对参与者问卷调查、组织参与人员开总结会等，可将收集到的各种意见汇总，评价观赏活动的实际效果。

 实践训练

1. 根据老年观赏类活动的定义，结合生活实际，写出 10 个你觉得适合老年人的观赏活动，以及观赏活动的主要内容。

2. 到养老院中去了解老年人的实际喜好，收集本地有哪些适合老年人的文艺表演团队或适合组织老年人前往的观赏场所，各列出 5 个。

任务二

掌握现场类观赏活动

 任务目标

知识目标

通过具体情境案例，学习了解现场观赏类活动的操作流程。

技能目标

掌握组织现场观赏类活动的具体操作流程及方法。

 任务分解

现场类观赏活动，老年人身临其境参与到活动发生的现场，能更好地观看、欣赏，适合绝大多数老年人群体。本任务以观看"敬老爱老 情暖夕阳"志愿者节目表演观赏活动为例进行阐述。

子任务一 设计、策划及实施
——"敬老爱老 情暖夕阳"志愿者节目表演观赏活动

一、活动背景

每个人都将有老去的一天，昔日风华正茂的年轻人变成今天白发苍苍的老年人。老年人不仅需要基础的扶养和照护，还需要精神上的慰藉、情感上的关怀、与社会的融合。关爱老年人的方式有很多种，这次××学院志愿者们带着饱满的热情、丰富的节目、真诚的关心来到××养老院，组织以"敬老爱老 情暖夕阳"为主题的志愿者节目表演观赏活动，让老年人度过愉快充足的一天。

志愿者节目表演
观赏活动

二、活动目的

(1)通过观看志愿者带来的精彩节目，让老年人们身心愉悦，感受到志愿者送来的关怀和温暖。

(2)让学校志愿者感受到志愿服务的快乐和满足，学会关心长辈、尊重长辈、孝敬长辈。

(3)发扬尊老敬老的社会风尚，进一步弘扬尊老、敬老、爱老、助老的传统美德。

三、活动主题

敬老爱老　情暖夕阳

四、参与人员

养老院身体状况稳定的老年人（含高龄、失能、轻度认知症等）

五、组织单位

主办单位：××养老院社工部、护理部
支持单位：××学院××班学生志愿者

六、活动时间

××年×月×日　14:30—16:30

七、活动地点

××养老院一楼多功能厅

八、活动流程

活动前：

(1)前期沟通：社工与志愿者负责人沟通，确定时间、人数、志愿内容、有无捐赠等情况，并告知负责人老年人大概情况，如平均年龄、自理情况、疾病情况等。

（2）活动宣传：社工提前邀请养老院中适合参加此类型活动的老年人。

（3）场地布置：志愿者协助布置活动场地，播放音乐营造轻松欢快的气氛。

（4）老年人组织：志愿者协助社工组织老年人有序入场、安排就座、签到等。

活动中：

（1）社工向老年人介绍志愿者身份，邀请志愿者做简短介绍。

（2）活动开始，两位主持人（志愿者）上场进行开场白。

（3）志愿者节目表演，与老年人互动。

（4）老年人表演节目。

（5）志愿者齐声为今日过生日的奶奶唱生日快乐歌，并送上祝福。

（6）志愿者即兴表演。

（7）拍摄大合照。

（8）活动结束，志愿者协助护理员送老年人回房间，与老年人告别。

活动后：

（1）场地整理：志愿者协助社工恢复活动场地原貌。

（2）活动总结：社工与志愿者沟通总结活动开展情况。

（3）活动评价：社工与部分老年人沟通，了解活动评价及建议。

（4）活动宣传：撰写活动简报，推送相关微信群或公众号。

九、活动用品

歌词本若干、快板一对、插线板一个。

十、人员安排（可一人多岗）

序号	具体工作事项	负责人	完成期限	备注
1	与志愿者负责人沟通、确定活动细节	×××	×月×日	
2	撰写活动策划方案	×××	×月×日	
3	主持词准备	×××	×月×日	
4	通知老年人活动相关信息	×××	×月×日	
5	志愿者节目安排	×××	×月×日	

续表

序号	具体工作事项	负责人	完成期限	备注
6	老年人节目安排	×××	×月×日	
7	活动场地布置	×××	×月×日	
8	活动物资准备	×××	×月×日	
9	音乐准备	×××	×月×日	
10	组织老年人入场	×××	×月×日	
11	现场秩序维护，保证老年人安全	×××	×月×日	
12	收集活动素材，如照片、视频	×××	×月×日	
13	撰写新闻稿、推送公众号	×××	×月×日	
14	收集活动反馈意见	×××	×月×日	
15	整理活动场地	×××	×月×日	

十一、经费预算

无实际经费开支。

十二、备注

(1)社工需要提前与志愿者负责人联系，确定活动的具体事宜，明确活动分工。

(2)社工保存志愿者第一负责人及第二负责人联系方式，如出现任何意外情况，能及时与志愿者方联系。

(3)服务注意事项需提前与全体志愿者沟通，强调服务纪律。

子任务二　活动实况及经验分享

本次活动包括场地布置、音乐暖场、老年人组织、就座签到、志愿者表演、老年人表演、志愿者与老年人互动、全场大合唱、为老年人庆生、组织退场、活动场地整理、收集活动反馈意见、活动宣传等环节。

老年人分为三排入座，志愿者围绕在老年人身边。每个小组志愿者表演完精彩的节目后，老年人们都会鼓掌叫好，点头称赞。当然，多才多艺的老年人也带来《南泥湾》《四季歌》《社会主义好》等经典歌曲表演，志愿者们被这群平均年龄 85 岁的老年人所折服。气氛十分融洽，老年人、志愿者、工作人员都全身心投入到活动中来，取得了良好的活动效果。

　　活动当天过生日的一位奶奶为了与志愿者们联欢，放弃了回家吃生日大餐的机会。活动后，奶奶表示这样一次志愿者联欢比回家吃大餐更可贵，看到可爱的志愿者她打心底里高兴。

图 6-3　主持人开场白

图 6-4　老年人一起做手指操

图 6-5　老年人表演

图 6-6　来一张大合照

×× 学院志愿者节目表演观赏活动经验分享

项　目	内　容
经验分享	优点： 1. 老年人、志愿者、工作人员全身心投入，整体活动环节顺畅。 2. 志愿者表演形式丰富多彩、态度热情积极，老年人反馈满意度较高。 缺点： 1. 活动物资准备不充分，缺少横幅、U 盘等。 2. 参加活动的志愿者、老年人多，现场较嘈杂，歌曲表演受到一点小影响。

实践训练

联系学校所在地的养老机构，作为志愿者参与到养老机构一次观赏活动中，切身体会策划组织的各个环节。结合实践情况，讨论分析观赏类活动策划与组织过程中的难点，以及相应的对策。

任务三

掌握非现场类观赏活动

任务目标

知识目标

通过具体情境案例，学习了解非现场类观赏活动的操作流程。

技能目标

掌握组织非现场类观赏活动的具体操作流程及方法。

任务分解

　　非现场类观赏活动，组织老年人借助电视、多媒体等媒介来观看影片、电视节目、直播等，可以丰富老年人的生活，也可以让老年人了解相关资讯及当今社会的发展变化。本任务以观看庆祝中华人民共和国成立 70 周年阅兵式为例进行阐述。

子任务一　设计、策划及实施
——庆祝中华人民共和国成立 70 周年阅兵式收看活动

一、活动背景

　　庆祝中华人民共和国成立 70 周年阅兵式是为庆祝中华人民共和国成立 70 周年而开展的众多庆祝活动中的一项重要活动，彰显了中华民族从站起来、富起来迈向强起来的雄心壮志。

中华人民共和国
成立 70 周年
阅兵式

二、活动目的

(1)组织老年人观看阅兵式,感受举国上下共同庆祝祖国 70 华诞的浓厚氛围,一起过一个意义非凡的国庆节。

(2)老年人观看阅兵式直播,感受祖国的发展变化,为祖国自豪骄傲。

三、活动主题

祖国 70 岁啦

四、参与人员

×××养老院老年人及陪护人员

五、组织单位

×××养老院社工部、护理部

六、活动时间

2019 年 10 月 1 日　9:30—11:00

七、活动地点

×××养老院多功能厅

八、活动流程

活动前:

(1)场地布置:按照参与老年人的情况布置活动现场,预留较大空间摆放轮椅。

(2)设备调试:提前调好电视机、信息,保障直播流畅、无故障。

(3)老年人组织:护理部同事协助宣传通知,并组织老年人前往多功能厅。

(4)就座签到:给参与老年人安排合适的座次,签到。

活动中：

(1)活动内容介绍：简单介绍活动的意义、内容安排、注意事项。

(2)分发小国旗：给每位老年人分发小国旗，为老年人拍一张与小国旗的个人照。

(3)观赏前，欢唱《我和我的祖国》等，抒发内心激动的心情。

(4)观看相关报道，了解阅兵式知识点。

(5)观看阅兵式直播：员工陪伴老年人一同观看阅兵式，协助老年人上厕所、饮水、用药等。

(6)录制祝福视频：组织老年人与员工一起录制小视频，经老年人同意后，转发到朋友圈。

活动后：

(1)组织老年人回房休息：活动时间约 1.5 小时，防止时间过长引起不适，按点组织老年人回房休息，未看完部分可后续组织观看。

(2)整理活动场地：将活动场地还原。

(3)评价活动效果：询问老年人参与活动的感受与相关建议。

(4)活动宣传：把活动照片和视频转发到家属群和朋友圈等。

九、活动用品

电视机、靠背椅、小国旗、签到表、音响话筒、拍照录像工具等。

十、人员安排(可 1 人多岗)

序号	具体工作事项	负责人	完成期限	备注
1	撰写活动策划方案		×月×日	
2	通知老年人活动相关信息		×月×日	
3	活动场地布置		×月×日	
4	设备调试		×月×日	
5	活动物资准备		×月×日	
6	组织老年人入场		×月×日	
7	现场秩序维护，保证老年人安全		×月×日	
8	收集活动素材，如照片、视频		×月×日	

续表

序号	具体工作事项	负责人	完成期限	备注
9	撰写新闻稿、推送公众号		×月×日	
10	收集活动反馈意见		×月×日	
11	整理活动场地		×月×日	

十一、经费预算

小国旗 30 面×2 元/面＝60 元

十二、备注

(1)老年人观赏时要优先考虑老年人身体情况，防止观看时间过长引起身体不适。

(2)除了观赏内容之外，适当增加相关的互动环节，让老年人获得较好的体验。

(3)拍摄老年人的视频，需要进行转发分享时，要征求老年人个人意愿，注重老年人隐私。

子任务二　活动实况及经验分享

本次活动包括场地布置、设备调试、老年人组织、就座签到、分发小国旗、欢唱歌曲、观看阅兵式、录制祝福视频、组织退场、收集活动反馈意见、活动宣传等环节。

观看阅兵式前，老年人手举小国旗，一起欢唱《我和我的祖国》《没有共产党就没有新中国》等经典歌曲，表达自己激动喜悦的心情。在随后的阅兵式直播观看过程中，老年人聚精会神地观看，对展示出来的大国强军风范啧啧称赞，一位有抗美援越经历的老兵在观赏中多次流下激动的泪水。

观赏活动结束后，工作人员还组织了部分老年人和员工一起拍摄小视频，祝福祖国繁荣昌盛。老年人们纷纷表示，阅兵式让我们看到自己的祖国越来越强大，身为中国人让他们感到无比的骄傲。

图 6-7 为老年人分发小国旗

图 6-8 认真观看阅兵式

图 6-9 为老年人拍个人照

图 6-10 为老年人拍个人照

庆祝中华人民共和国成立 70 周年阅兵式观赏活动经验分享

项目	内　　容
经验分享	优点： 除了观赏阅兵式的内容，还增加了录制视频、欢唱红歌等互动内容，老年人有更丰富的体验感。 缺点： 1. 多功能厅观看阅兵式的电视信号是网络信号，观看过程中有一点卡，影响到观赏内容的流畅性。 2. 老年人来多功能厅观看阅兵式的积极性比预期高，组织老年人入场时有一点混乱。

实践训练

　　某养老院计划在春季的时候，组织本院 10 位身体健康状况稳定但坐轮椅的老年人到附近路程 5 分钟的公园里，开展赏花活动。请按照以下策划方案的格式，撰写一份现场观赏类的活动策划书。

活动策划书

一、活动背景
二、活动目的
三、活动主题
四、参与人员
五、组织单位
六、活动时间
七、活动地点
八、活动流程
九、活动用品
十、人员安排
十一、经费预算
十二、备注

项目七　策划组织老年人展示类活动

　项目情景聚焦

　　展示类活动有利于帮助老年人形成健康积极的老年价值观，进一步激发老年人对生活的热爱。通过活动展示，不仅可以充分展示老年人朝气蓬勃、昂扬向上的精神风貌和艺术才华，而且可以丰富、活跃老年人的晚年生活，也有利于开发老年人才资源，促进整个社会和谐发展。

　项目目标

　　通过学习本项目内容，同学们能全面了解老年展示类活动的定义、流程、执行管理、评价，掌握物品类以及表演类展示活动的具体策划与组织。

任务一

老年人展示类活动策划组织概述

 任务目标

🔵 **知识目标**

全面学习了解老年人展示类活动的定义、分类、特点等内容。

🔵 **技能目标**

1. 掌握老年人展示类活动的基本流程。

2. 学会老年人展示类活动的执行管理。

3. 领会老年人展示类活动的评价。

 任务分解

子任务一　掌握老年人展示类活动基本概念

一、什么是老年人展示类活动

老年人展示类活动是指通过老年人的作品（物品）展示或个人示范表演，同时结合多种传播媒介的展示形式，集中向外宣传自身相关作品（物品）或自身形象的一种老年人活动。

> **🔧 小贴士**
>
> 1. 书画作品如果是现场创造的属于表演类展示活动。
>
> 2. 物品类展示活动的作品必须是手工制作的成品。
>
> 3. 展示类活动中必须以安全作为首要考虑因素。

二、老年人展示类活动的分类

表 7-1 老年人展示类活动的分类

划分标准	类别	释 义	常见类别
呈现方式	物品类展示活动	通过宣传栏及展示会等相关形式对相关作品(物品)进行详细的展示,包括作品(物品)的名称、作品(物品)的来源以及作品(物品)背后的故事等,引导受众对作品(物品)的认知产生兴趣并驻足观看。	书画作品 手工艺品 摄影作品
	表演类展示活动	在一定的主题内,老年人通过自身一定高度的技巧和能力,在相应的平台上进行充分的展示。	歌唱表演 书画表演 朗诵表演 舞蹈表演 服饰表演 器乐表演 曲艺及小品表演 绝技绝活表演

图 7-1 老年人邮票收集

图 7-2 老年人书法作品

图 7-3　老年人手工艺品

老年人展示类
活动的特点

三、老年人展示类活动的特点

表 7-2　老年人展示类活动的特点

特点	释　义
活动内容的擅长性	在展示类活动的过程中，参与展示的老年人一般都是擅长于展示的主题内容，在这一方面独具某种特长以及在某一专业方面特别精通，而不单单是爱好而已。
活动目的的明确性	参与展示类活动，参与的老年人知道自己想要去表达什么，想要去展示什么。他们都想要把自己最好的东西、内容及想法展示给其他人，从而得到他人的肯定、认可以及赞美。
活动参与的积极性	参与展示类活动的老年人是带着喜爱、怀着兴趣主动去参加的，始终保持着积极的心态，并能大胆地表现自己的情感和体验，用自己喜欢的方式进行展示。
活动人员的联动性	一般的老年人展示类活动涉及的对象有三类：一是主办方和承办方；二是被展作品(物品)及表演者；三是参观者，如一般群众、社区居民及离退休职工等。在活动过程中，这三类对象在活动参与过程中必须互为联系、互为沟通而连成一个整体，三者缺一不可，他们互相影响，相互作用，形成了一个联动的过程。

子任务二　掌握老年人展示类活动策划思路与组织要点

一、老年人展示类活动策划基本流程

老年人展示类活动
策划基本流程

1. 介绍活动背景

活动的背景就是告诉大家"为什么要做活动"，它是活动策划最为底层的决策出发点。具体来说活动策划人员可以从以下几个角度找到自己"为什么要做活动"。(1)基于产品写活动背景；(2)基于热点写活动背景；(3)基于竞品写活动背景；(4)基于人群写活动背景；(5)基于领导需求写活动背景。一般在开展老年人的活动时，我们主要是基于人群去写活动背景。

2. 确定活动主题

活动的主题是整场活动的概括，清晰的活动主题是可以吸引老年人来参与活动的。要像写文章标题一样去思考活动的主题，优先从目标人群出发来思考活动主题，以吸引更多的人参加活动。

3. 选定活动地点、计划活动时间

活动场地的选择是影响活动能否成功的不可忽视的因素。场地的选择一定要根据活动规模大小、契合活动主题。展示场地的选择对做好一场现场展示类活动至关重要。场地的选择是足够的人流的基本保证，也是展示效果最大化的基本要求。如果场地需要租用还应提前联系租用场地的管理部门洽谈租赁事宜。

> **小贴士**
>
> 展示类活动过程中最容易出现的三个问题：
>
> 1. 活动前期准备不足造成的现场事物的漏缺。
>
> 2. 活动现场分工不明确导致管理混乱。
>
> 3. 对现场突发事件的处理缺乏一定的准备和技巧。

根据老年人自身的特点，活动要尽量安排在白天，活动时间不宜超过2小时，并且在计划活动时间时要充分考虑天气原因。

4. 编制经费预算

展示类活动的预算一般考虑以下几个因素：

(1)活动场地费用：一般来说，活动场地常用花费包括场地租赁费用、舞台搭建费用，以及活动现场桌椅等。如何控制此类预算，要根据活动规模大小，大致预算范围，尽早联系多家活动场地，货比三家，择优选择。

(2)酒水餐饮费用：相对于其他活动费用来说，酒水餐饮费用就是小花费了。就近原则，在活动现场附近安排餐饮及酒水，可以在附近寻找超市，或者由活动场地提供。

(3)活动物料费用：活动物料，一般是活动所需物资，包括现场指示牌、舞台装饰，以及地毯等相关活动现场所需要物料费用。

(4)活动人员(演艺、主持人、摄影等活动相关人员)费用：活动是否需要演艺人员、礼仪小姐、主持人等。是否需要录制，摄影等。

5. 活动人员分工

人员的分工一定要明确，这一部分其实也算是一个方案，叫作执行方案。主要可以分为两个维度，一是分时间节点，二是分岗位。比如，围绕这场活动，各岗位在活动前期、活动中、活动后要做什么，这些都是可细化的，并且要细分清楚，才能让活动有条不紊地进行。

6. 制订现场处置方案

俗话说计划赶不上变化，特别是内外环境的变化，不可避免地会给策划内容的执行带来一些不确定性因素，因此，必须加入应急措施来应对活动环境变化所带来的影响。

现场处置方案是针对具体的装置、场所或设施、岗位所制订的应急处置措施。现场处置方案应具体、简单、针对性强。现场处置方案应根据风险评估及危险性控制措施逐一编制，做到事故相关人员应知应会，熟练掌握，并通过应急演练，做到迅速反应、正确处置。

二、老年人展示类活动的执行与管理

老年人展示类活动的执行与管理根据所负责内容的不同，分为策划、筹备、执行、后勤四个组。

老年人展示类活动的执行与管理

表 7-3　老年人展示类活动的执行与管理

组别	内容描述	具体任务
策划组	对将要开展的活动进行策划，综合各个方面形成书面材料。	1. 收集各方对活动意见和建议。 2. 综合各方需求编写活动执行方案。 3. 进行活动预算编制。
筹备组	根据活动策划方案进行前期工作准备，确保活动可有序进行。	1. 召开会议，进行资源整合与调配，完善分工。 2. 细化各项工作，经费申请、人员安排、物料准备、场地准备、配套设施准备、活动宣传等。 3. 进行活动报名工作。
执行组	根据活动策划方案衔接各个方面，执行活动各项目。	1. 负责签到工作。 2. 执行各项流程工作。 3. 现场拍照、整理照片，撰写新闻稿件。
后勤组	配合筹备组、执行组的工作，做好后勤保障工作。	1. 配合筹备组准备物料。 2. 进行场地的卫生工作、布置工作、扫尾工作。 3. 安排人员维持秩序，确保安全。 4. 准备茶水等。

三、老年人展示类活动的评价

老年人展示类活动结束后，为了下次活动更好地改进和进行，必须要对活动进行分析与总结，这既是对本次活动成功的褒奖，又是对下次活动更加成功开展的借鉴。有关评价的内容需涉及活动的方方面面。

老年人展示类
活动的评价

表 7-4　老年人展示活动的评价

评价项目	具体评价内容
准备工作	评价整个活动的前期准备安排工作是否依据策划方案于活动开展前准时安排到位。
执行过程	评价活动中执行中是否出现问题，是否及时圆满解决；参与活动的工作人员的服务情况等。
费用评价	对照费用预算，根据实际费用支出情况，评价费用是否合理。
效果评估	1. 参与人数：包括通知人数、参加人数、实到人数。 2. 影响力：对参与者、机构、社区及社会等所带来的影响如何；是否达到了活动预期的要求范围。在现场展示活动中，评价一个活动是否具有影响力的方法有很多，比如行人驻足参观的时间长短、参与活动互动的主动性大小，参观者参加现场活动的积极性、对活动了解的深入度等，都可以作为监控活动效果的有效手段。 3. 促进参与：活动的开展，是否吸引了其他老年人的参与。

 **实践训练**

1. 请大家收集一篇关于老年展示类活动方案，并根据收集的方案，谈谈自己的想法。

2. 你认为在活动通知上应该重点通知哪些内容？

任务二

掌握物品展示类活动

任务目标

知识目标

通过具体情景案例，学习物品展示类活动的操作流程。

技能目标

掌握物品展示类活动的具体操作流程及方法。

任务分解

老年人物品展示类活动根据物品的种类可分为书法作品、书画作品、各类手工艺品、摄影作品以及老年人收藏的邮票、粮票、书籍等。本节以照片为展示物进行阐述。

子任务一　设计、策划及实施
——"流金岁月"怀旧角照片展

一、活动背景

入住养老机构的老年人面临着从家庭生活向集体生活转变的过程，在这一过程中由于生活方式和习惯的不同，容易与院友产生矛盾，与此同时老年人的受教育程度也是不同的，就会在观念和行为上产生冲突，经常会产生小团体的现象，对集体的意识是比较淡漠的。此现象的产生将降低老年人在养老机构内的生活质量，同时也不利于养老机构的和谐发展。

虽然老年人的生活经历和性格都不同，兴趣和喜好更是各有所好，但他们所经历的时代故事却是大致相同的。为这些老年人提供建立支持网络的平台，通过与经历过共同时代背景的院友一起缅怀过去成功和失败的经历，促进院友之间的支持系统的发展，提高老年人在院舍内的生活质量。

二、活动目的

让老年人回顾生活历程，在怀旧的氛围中发现过往经历中的生活正面的价值，并与他人分享经历，最终达到老年人认识自我，体验他人的感受，融洽院友之间的关系，建立良好的人际交往网络的目的。

三、活动主题

流金岁月

四、参与人员

敬老院全体入住老年人及其家属

五、组织单位

敬老院社工部

六、活动时间

××年 8—10 月

七、活动地点

××

八、活动流程

活动前：

(1)怀旧角照片资料收集。

(2)将收集到的照片进行登记并了解照片背后的故事，进行文字整理。

(3)宣传怀旧角活动，通知怀旧角开放时间。

"流金岁月"
怀旧角

活动中：

(1)邀请照片持有人现场讲述照片背后的故事。

(2)有序组织现场观展活动。

(3)对展示过程中老年人的疑问或建议及时进行记录，定期开展分享会。

活动后：

(1)拆下照片归还给照片持有人并表示感谢。

(2)持续观察照片展对老年人带来的影响，观察情绪变化情况。

九、活动用品

展板、彩纸、胶带、照片、彩笔

十、人员安排

资料收集：××

宣传布展：××

文字编辑：××

现场维护：××

展后跟踪：××

十一、经费预算

项目	数量	金额(元)
宣传彩纸	100 张	150
彩笔	5 套	50
普通彩纸	1 包	25
胶带	5 卷	20
展板	1 块	100
小礼品	50 份	300
合计		645

十二、备注

相片信息	
持有人	
拍摄时间	
作品说明（简单介绍、其特殊的含义及其背后的故事）	

子任务二　活动实况及经验分享

本次活动是在机构内进行的，活动前期在入住老年人和家属中进行了走访，并询问是否愿意将自己年轻时的照片进行展示，如果愿意可以将自己觉得有意义的照片和故事告诉工作人员并粘贴在展示墙上，此次活动给了老年人及家属共同回忆的机会，获得了老年人和家属的一致好评。

图7-4　"流金岁月"怀旧角展示墙

图7-5　走访老年人，收集照片

图 7-6　怀旧角照片

图 7-7　老年人观看老照片

"流金岁月"怀旧角照片展活动经验分享

项　目	内　容
经验分享	优点： 1. 活动开始前期进行走访，了解老年人及家属对于活动的态度，更有利于活动的开展。 2. 展示照片前先征得同意表达了对照片持有人的尊重。 3. 对每一张照片进行简要的说明，更能让观展人了解照片的年代，回想自己当时的故事。 4. 增加了老年人与家属沟通交流的机会，给他们创造了一个共同回忆的契机。
	缺点及对未来的建议： 1. 由于是直接将照片放公共区域进行展示，可能会造成照片的损伤；之后开展类似的活动可以在征得照片持有人同意的前提下进行拓印后展示。 2. 有些照片背后的故事可能不能通过简单的文字进行描述，或者因为文字表述不准确导致观展人造成误解而引发不当议论，建议详细描述照片背后的故事。

 **实践训练**

1. 和当地养老机构联系，试着做一个老年物品展示类活动策划。

活动策划书

一、活动背景
二、活动目的
三、活动主题
四、参与人员

续表

五、组织单位	
六、活动时间	
七、活动地点	
八、活动流程	
九、活动用品	
十、人员安排	
十一、经费预算	
十二、备注	

2. 根据开展的物品展示类活动写一篇经验分享。

任务三

掌握表演类展示活动

 任务目标

知识目标

通过具体情景案例，学习表演类展示活动的操作流程。

技能目标

掌握表演类展示活动的具体操作流程及方法。

 任务分解

老年人表演类展示活动是指在一定的主题内，老年人通过自身一定高度的技巧和能力，在相应的平台上进行充分的展示。老年人表演类展示活动根据内容表现的形式，主要可以分为歌唱表演、书画表演、朗诵表演、舞蹈表演、服饰表演、器乐表演、曲艺及小品表演和绝技绝活表演。本节以老年人现场书法活动为示例进行阐述。

子任务一　设计、策划及实施
——"以墨会友"老年人现场书法活动

一、活动背景

书法艺术具有悠久的历史，它贯穿着整个中华文明史。但是随着信息时代的快速发展，快节奏的生活往往使我们整日禁锢在紧张忙碌中，享受书法艺术带给我们的恬淡和宁静的乐趣似乎被越来越多的人遗忘。本次活动希望通过现场书法的活动给老年人提供一个展示自己风采的平台和以墨交友的机会。

"以墨会友"
书法活动

二、活动目的

(1)给老年人提供展示的平台,展示老年人多彩生活。

(2)给予老年人交流空间,通过共同的兴趣爱好结交新朋友。

三、活动主题

以墨会友

四、参与人员

现场展示个人书法才艺的老年人、社区居民等

五、组织单位

××

六、活动时间

××年×月×日

七、活动地点

××

八、活动流程

活动前:

(1)联系相关单位确定活动场地。

(2)上午要开始布置活动场地,摆好桌椅,准备好书法用物并把之前收集的书法作品挂好展示出来。

(3)活动开始前半小时负责将参加活动老年人接到活动场地。

(4)播放适合活动气氛的音乐,营造现场气氛。

活动中:

(1)接待到场参加活动的老年人。

（2）征询老年人意见，准备书法用品。

（3）老年人热身后，进行现场书法创作。

（4）老年人书法过程中协助稿纸的推送等。

（5）适时询问老年人是否需要休息等。

（6）邀请老年人与作品进行合影并表示感谢。

活动后：

（1）送行动不便的老年人回家并询问活动感想。

（2）收拾现场。

（3）退还之前收集的书法作品及工具。

九、活动用品

毛笔、墨水、宣纸、砚台（小瓷碗）、毡子、镇纸、绳子、夹子、桌子、椅子、音响、笔记本电脑、水笔、信纸、礼品等。

十、人员安排

联系人员：××

现场布置人员：××

拍照（摄像）人员：××

道具管理人员：××

后勤人员：××

十一、经费预算

项目	数量	金额（元）
毛笔	20 支	300
宣纸	2 张	40
墨水	2 瓶	10
小瓷碗	20 个	60
纪念品	30 个	450
绳子	1 捆	10
夹子	30 个	30
合计		900

十二、备注

（1）在与老年人沟通过程中要注意沟通技巧。

（2）注意适时询问老年人是否需要休息。

（3）做好现场的安全风险把控。

（4）注意老年人书写时间，不能过长，提醒老年人完成一幅作品后适当休息。

子任务二　活动实况及经验分享

本次活动不仅仅局限在院内，也邀请了部分社区居民参加，促进了社区居民对院内生活的了解，也扩大了以墨会友的范围。

图 7-8　书法布展作品

图 7-9　老年人现场书法

图 7-10　老年人现场书法

图 7-11　老年人完成的书法作品

"以墨会友"活动经验分享

项　目	内　容
经验分享	优点： 1. 为每位参与的老年人以及完成的作品合影并赠送给老年人留作纪念，得到老年人的喜爱。 2. 邀请社区热爱书法的老年人参与，加强了社区老年人对机构的了解。 3. 邀请了书法老师进行现场指导，有利于参与学员的积极创作和发挥。
	缺点及对未来的建议： 1. 未在社区进行单独宣传，导致社区有些热爱书法的老年人不知道此次活动，下次可以提前联系社区，将活动通知张贴在社区活动告知栏上。 2. 活动在餐厅内进行，由于场地原因不能同时接待热情高涨的观展人员，打击了部分老年人的活动积极性，以后类似活动可以考虑在室外进行。

实践训练

1. 对你身边的老年人进行调查，看看都有哪些类型的表演展示活动是最受他们欢迎的。

2. 和当地社区联系，试开展一次广场舞展示活动。

项目八　策划组织老年人茶话会类活动

 项目情景聚焦

　　茶话会既简单、节俭，又轻松、愉快，是一种效果良好的集会形式。在茶话会中，通过大家的交流不但可使老年人心理上得到满足和慰藉，而且能增进友谊，增长知识。根据茶话会的主题内容划分，可分为节日类、纪念类、喜庆类等活动，根据茶话会的目的划分，又可分为学习交流类、回顾总结类和征求调查类等活动，其具有规模较小、气氛轻松、互动活跃、自我中心、追求实惠等特点。老年人茶话会是一种可持续性开展的老年人活动。

 项目目标

　　通过学习本项目内容，同学们能全面了解老年人茶话会的定义、流程、执行管理、评估，掌握老年人茶话会类活动的具体策划与组织。

任务一

老年人茶话会类活动策划组织概述

 任务目标

知识目标

全面学习了解老年人茶话会的定义、分类、特点等内容。

技能目标

1. 掌握老年人茶话会的基本流程。

2. 学会老年人茶话会的执行管理。

3. 领会老年人茶话会的评价。

 任务分解

在老年人茶话会类活动策划与组织项目中，本章节主要围绕老年人茶话会活动的性质、特点、分类、策划思路及组织要点进行阐述。

子任务一　掌握老年人茶话会类活动基本概念

一、老年人茶话会的定义

茶话会，顾名思义，是饮茶谈话之会，也是以清茶或茶点（包括水果、糕点等）招待客人的集会，有时也用于外交场合。进入 21 世纪以来，茶话会有了很大发展，已成为一种世界性的习俗，既简单、节俭，又轻松，是一种效果良好的集会形式。

老年人茶话会主要是以茶代酒，进行以谈心、表示情谊、交流感情、以交换意见、发表各种见解、畅谈友情为主要目的的活动，让老年人自由平等发表意见的小型围坐式会议，也可称"主题沙龙"。

　　活动组织者通过茶话会形式听取老年人们就主题发表的意见，不一定追求明确的结论，但可得到与主题相关的观点。茶话会通常由 6～10 人组成，持续时间短可为 30 分钟左右，长的可达两小时。茶话会不但可使老年人心理上得到某种满足和慰藉，而且还能增进友谊，增长知识，是可持续开展的老年活动之一。

老年人茶话
会的分类

二、老年人茶话会的分类

表 8-1　根据茶话会的主题内容划分

项目	内　　容
节日茶类话会	以庆祝固定节日而举行的各种茶话会，如国庆茶话会、春节茶话会（迎春茶话会）等；另一种是中国传统节日的茶话会，如中秋茶话会、重阳茶话会。
纪念类茶话会	为某项事件纪念，如建党××周年纪念、中华人民共和国成立××周年纪念等。
喜庆类茶话会	为某项事件庆祝，如集体生日时的寿诞茶话会等。
研讨类茶话会	为某项事物和事件研讨，如中医养生研讨茶话会等。
品尝类茶话会	为某种食物营养价值品尝讨论，如新春品茗会、××名茶品尝会等。
艺术茶话会	为某项相关艺术的共赏，如吟诗茶话会、书法茶话会、插花茶话会等。
联谊茶话会	为广交朋友或集体聚会，如养老机构联谊活动茶话会等。
交流茶话会	为推动某种事物的文化发展经验交流，如中日韩文化交流茶话会、国际文化交流茶话会等。

表 8-2　根据老年人茶话会的目的性划分

项目	内　　容
征求调查类	是根据主管部门的需要，召集老年人开会，了解老年人对某种产品、概念、想法或者对组织的看法，有目的性地开展，最终形成有意义的座谈结果。如对养老院的服务质量评价，对居家养老的看法，对家中保姆满意度调查，与子女同住的利弊，等等。
回顾总结类	是老年人对过去的岁月进行回忆以及对社会发展历史的变化进行回顾，最终形成有意义的座谈交流。学习、家庭、工作都随着社会的变化而变化，回顾总结类茶话会可就某段历史或某一事物的发展展开。如交通工具的发展、城市的变迁、通信方式的改变、学习方式和工具的变革、结婚彩礼的变化、求学经历、工作经历等。
学习交流类	是通过组织有共同兴趣爱好或学习目标的老年人，就某一主题开展交流讨论，互通有无，最终实现共同进步。如对时事热点进行学习，对书法、美术等艺术爱好交流，对现在正热播的电视剧、电影展开讨论，对自己拿手菜的制作，健康饮食搭配，等等。

三、老年人茶话会的特点

老年人茶话
会的特点

1. 规模较小

老年人茶话会人数不宜过多，十几人或几十人即可；时间也不能太长，在既定的会议时间里，要让每个参会者都有机会发言。

2. 气氛轻松

老年人茶话会大多采取围坐形式，自然营造了一种非常轻松、自然、平等的氛围，在这样的气氛中与会者更能轻松愉快，畅所欲言，从而取得良好的活动效果。

图 8-1 老年人茶话会活动规模

图 8-2 老年人在愉快地表演才艺

图 8-3 老年人在和主持人互动

图 8-4 老年人在发表自己的观点和意见

3. 互动活跃

茶话会不同于一问一答式的面谈，它是在有经验的主持人的主持下，多人参与的讨论形式，受访者之间有互动，一个人的反应会成为对其他人的刺激，这种互动会产生更多信息。

4. 自我中心

在茶话会这样的活动中，老年人以自我为中心的特点尤为明显，只顾自己说，不管是否跑题，不管其他人是否感兴趣。针对这样的情况，需要活动组织者事先与老年人进行一定的沟通，以保证活动高质量完成。

子任务二　掌握老年人茶话会类活动策划思路与组织要点

一、老年人茶话会策划基本流程

老年人茶话会
策划基本流程

1. 确定茶话会的主题

要成功地举办老年人茶话会，必须有一个合理的中心思想和主要内容。茶话会的主题不仅需要吸引参与茶话会的老年人，而且能体现茶话会的核心议题。

2. 明确茶话会的目的

老年人茶话会的目的是活动组织的期望，常见的目的包括，咨询老年人对于某件事物的意见建议，纪念某事件，沟通交流，充实生活等。

3. 明确茶话会的议题

老年人茶话会议题是围绕主题而设立的问题，是主题的具体化。

4. 确定参加茶话会的人员

茶话会人员组织方式可有两种，自愿参加，或根据活动需要，由活动组织者选取特定老年人参加。

5. 确定茶话会活动选址

老年人茶话会可选择在养老院内，酒店内，或者在创造经验和事件发生现场举行，通过现场观摩和查看。需要考虑的因素有：①茶话会现场的硬件设施是否齐备；②是否有电梯供老年人方便到达会场；③茶话会现场是否有为行动不便者提供方便；④是否有足够多的公共卫生间，是否干净而且设施齐备；⑤现场工作人员是否具有安全意识；⑥茶话会现场是否有常驻医生，距离最近的急救中心有多远；⑦现场的照明和温湿度是否适宜；等等。

6. 掌控茶话会不同活动阶段

（1）开场。

①主持人问候及自我介绍。

②主持人介绍本次活动的目的及规则。如有活动资料，解释资料用途。

③请各个参会者自我介绍。自我介绍可限定一些与主题相关的有趣的话题，如最喜爱的动物是什么，我们这个地方最有名的本地人是谁等，来达到活跃气氛的目的。

④准备一些小笑话、小故事或者小游戏，随时使用；准备一些本地新闻，然后向大家请教一点细节，拉近与参会者的距离。

⑤采取移动策略，在某位老年人发言完毕后，站到另一个老年人对面，直视询问："这位爷爷/奶奶您怎么看?"强化交叉互动的暗示。

⑥如能讲本地方言，就说一两句，但不要说得太多。

⑦所有主持内容都要脱稿，切忌照本宣科。

⑧判断参会者中爱说与不爱说的老年人，启动阶段让爱说的多说一些。

⑨提供一些有利于互动的零食，如多种巧克力、茶点等。

⑩了解参会者最爱参加的活动、最关注的话题、最想知道的信息作为在此阶段与参会老年人建立联系的工具。

(2)进行阶段。

①多使用板书或者投影提示，以提醒老年人讨论要点。

②普遍使用表扬与鼓励的口气，即使发言者是在重复他人的观点，也要用鼓励的口气表示肯定。

③避免发表支持、反对、批评、赞美的意见。

④处理"专家效应"：某些参会老年人对相关问题有较多的知识和经验，又很爱发言，从而会形成抑制其他参会者的"专家效应"。对此，应采用"目光脱离"和"及时穿插"策略，减少其发言时间，但要注意避免造成其产生明显的抵触情绪。

⑤及时穿插活动。预先设计好一些活动，在语言交流刺激度逐渐降低时，可调节会议节奏，活跃气氛。

⑥及时使用幽默语言化解尴尬局面。事先预想茶话会中可能会出现的尴尬状况，做好预案。

⑦集体静默时，主持人要尝试使用情景提示方法，或专门针对某个参会者进行重点互动，在有人回应后，再征询其他人的看法。

⑧活动中，直接的语言交流以及发放资料，应适时穿插，不应集中在一起进行。

⑨注意复述参会者的重要意见，尤其在讲方言、多人发言和发言人口齿不清的时候。

⑩提示参会者会议进程，"我们已经进行一半了""我们只剩几个问题了""好，我们还有最后两个问题"。

（3）结束。

①进行简明的总结，并询问大家是否还有补充说明的内容。

②提出一个具有启发性或者总结性的问题，让参会者在最后都能有一次提问发言。

③给予十分肯定的正面评价，并告诉大家如果还有特别需要说明的问题，可以在会后与主持人或其他人员联络。

④用大家共唱一首歌，或用一句话或一个词来概括参加会议的感受，或送祝福等形式作为活动结束。

⑤向大家再次表示感谢。如果茶话会是由领导机关或领导人召集下属有关部门或人员举行的，会议结束时，请领导人致辞或总结，会使参会者备感亲切。

二、老年人茶话会活动的执行与管理

老年人茶话会活动的执行与管理

1. 活动通知要落实

（1）信息发布方式。

①口头通知。这种方式最突出的优点是有当面交流，可以获取更多直接信息，适合参加人员少的小型会议。

②电话通知。以电话为媒介传递信息，准确、到位，成本也不高。

③书面通知。由于书面通知在制作中需要一定时间，需要提前准备。书面通知发出后，还要跟踪落实知晓情况。

（2）通知具体内容。

茶话会通知除了写明时间、地点外，还要明确告知会议的内容、参与人员和组织人员，以便与会者做好相关的思想准备和发言准备。

（3）后续工作。

要及时掌握实际到会情况，以便及时对参与人员做调整，防止因参与人员太少而无法开会的局面。

2. 会场布置要合理

（1）会场布置灵活多样。根据茶话会的不同形式，会场布置也要灵活多样，可采取圆形、方形、长方形、椭圆形、六角形等围坐式的座位格局，必要时也可设计成半围式。但不能摆成上下对应式或分散式，否则会议气氛就会变得严肃、拘谨，或散漫且无中心。

图 8-5　迎春茶话会会场装饰

（2）活动装饰提升气氛。如悬挂横幅，以揭示会议主题，渲染会议气氛，便于摄影和电视报道；另还可装饰宣传画、广告、彩色气球等。

（3）放置食物安全合理。会场内可适当放置饮料和茶水，使参会者感到亲切、自然。老年人茶话会慎用瓜子、花生等零食，以免发生噎食。

3. 活动组织者能力素质要全面

组织者作为老年人茶话会的核心，作用特别重要。一个优秀的茶话会组织者可以点石成金，一个素质不够的组织者会把茶话会变成聊天会或者一言堂。老年人茶话会组织者要做到以下几点：

（1）充分了解参会者背景特点。

组织者在茶话会进行前应多掌握一些参会者群体背景资料，与有经验的同事或当地联络人员进行一些沟通，并针对参会者的特征预先形成一些沟通策略和小技巧。如了解参会老年人背景，在用语、当地典故、方言、受众关心和周知的焦点问题上，创造与参会者群体间的相似感，促使茶话会进入良好群体认同氛围。

（2）茶话会进程控制。

首先语速语音控制，语言要中速，不快不慢，既不让大家感到压抑又让大家听清楚，要考虑老年人有听力下降的因素，声音一定要洪亮。

其次要能够控制参会人员的谈话脉络，保证会议正常地按照既定主题发展。如果有人跑题了、拖沓了，能够顺着发言者的意思很轻松地过渡到下一个主题，而不是突兀地打断，这也是对老年人的一种尊重，这个要靠平时知识的积累和修养的养成。

最后是时间进度管理，要在规定的时间内完成既定访谈任务，会前的提纲准备，须将会议的主题划分为几个相关的步骤，有一条时间线；现场将每个发言人的发言时间控制在合理的水

> **小贴士**
>
> **怎样避免老年人茶话会出现冷场现象呢？**
>
> 茶话会发言形式有两种：一是自由发言，即事先不规定发言者，也不规定发言顺序，参会者发不发言，什么时候发言，完全由自己决定。二是事先了解老年人情况，确定几位发言者，沟通好发言内容。安排发言可以避免茶话会中出现暂时性冷场，但这只能是一种启发和鼓励，不能强迫，否则会使参会者发表违心言论。

平，既表达充分，又不啰唆。如果发现时间控制方面出现了问题，应该及时调整话题方向和过程，控制节奏，不能仓促结束。如果需要可以适当地延长访谈时间。

（3）提问和倾听能力。

组织者的提问能力很重要。如果没有好的提问技巧，不能就事论事，步步为营，深入挖掘，而是照本宣科，所获得的访谈成果一定是表面和肤浅的。所以，组织者应该掌握基本的提问技巧，懂得借助专业知识和恰当的问题挖掘出问题的本质和核心。

倾听能力对于茶话会组织者来讲非常重要。要能认真地倾听发言者的真实意思表达，包括表面意思和隐性意思，在充分理解的基础上展开下一步的讨论；也要能够识别老年人的非语言行为，更好地理解每个老年人的真实意见和态度；还要学会换位思考，真正理解老年人所想所说所感。

（4）互动亲和能力。

在茶话会中，把一群老年人集中到一起畅所欲言，是有一定难度的。首要的就是要建立彼此之间的信任感，特别是要建立组织者与参会人员之间的信任感。这就要求组织者是个有热情的人，是一个让大家一见就感到信赖和亲切的人。有亲和力的组织者能使在座的老年人坐在一起，有一种合作意识

和共同作用的力量。只有这样才会使大家结合在一起共同合作，才能更好地达成会议目标。

(5)维持自然轻松的形象。

组织者着装应为休闲式便装，但不宜过于随意；要始终保持微笑，但不宜大笑，适时表现幽默，以鼓励和化解尴尬的原则控制会场气氛。

(6)提升随机应变的能力。

组织者要根据当时的情况，随时调整茶话会的进程、节奏、导向。因为茶话会是一种比较自由轻松的活动，所以，对于活动各环节的细节，很难全部预想到。可以预备一些小故事，根据会场情况灵活运用。

(7)丰富的知识储备。

对于茶话会主题相关的知识，事先需要做足功课，以免出现老年人所说的内容组织者不了解，无法接话，出现跑题、拖沓也找不到线索控制进程等情况。

三、老年人茶话会的评价

老年人茶话会的评价

一次茶话会的结束并不意味着组织管理工作的结束，评价总结也是活动管理的重要环节。通过对活动的评价明确成功和不足之处，总结经验教训，以提高活动组织策划者的管理水平，有十分重要的意义。

1. 评价内容

会议阶段	评价内容
	茶话会目的是否明确
	茶话会议题数量是否得当
	每一个议题的时间分配是否准确合理
会前	茶话会时间、地点是否得当
	开会通知的内容是否周详
	茶话会设备是否完备
	老年人是否做了准备

续表

会议阶段	评价内容
会中	茶话会接待工作如何
	茶话会是否准时开始
	参会老年人是否准时到会
	会场是否存在外界干扰
	主持人是否能把握会场
	茶话会是否由少数人垄断
	老年人讨论是否紧扣主题
	老年人之间是否有争论不休的现象
	视听设备是否正常
	会场气氛是否热烈
	茶话会议程是否按预定程序和时间完成
会后	茶话会记录是否整理好
	是否对老年人的满意程度进行调查
	对茶话会的成败得失是否进行总结

2. 评价时机

对于茶话会评价的最佳时机应该是在该活动刚刚结束的时候。

3. 评价人员

所有参会人员，包括参会老年人、陪同人员、主持人、策划组织人员、服务人员都是茶话会评价信息的直接来源，也是茶话会评价的主角。

 实践训练

1. 根据内容可以将茶话会分为学习交流、回顾总结、征求调查三类，请分别想出五个适宜老年人的茶话会主题。

2. 请现场实践一下，为班级同学组织一次简单的茶话会，感受一下如何才能当好一个活动组织者。

任务二

掌握征求调查类茶话会活动

 任务目标

　　知识目标

了解征求调查类茶话会的操作流程。

　　技能目标

掌握征求调查类茶话会的具体操作流程及方法。

 任务分解

　　在征求调查类茶话会活动中，有对养老院的服务质量评价，对居家养老的看法，对家中保姆满意度调查等主题内容。本任务以对养老院的服务质量评价为主题内容进行阐述。

子任务一　设计、策划及实施
——"健康养老　快乐生活"老年人茶话会

一、活动背景

　　当老年人从家里入住养老机构，老年人的身份由主人翁状态变成赋闲状态。对长期生活在养老院的老年人来说，养老院已经成为他们的第二个家，在这个家庭生活中，难免会有不如意的地方让他们产生不愉快，及时倾听他们的意见和建议，对养老院的良性发展是很有必要的。

"健康养老　快乐生活"茶话会

二、活动目的

(1)了解老年人对养老院的满意度。

(2)帮助老年人找回主人翁状态，让他们觉得自己对社会是有价值的。

三、活动主题

健康养老　快乐生活

四、参与人员

机构有自主意识的老年人，机构领导代表两名。

五、组织单位

主办方：××社区康养中心

承办方：××社工服务中心

协办方：××协会

六、活动时间

××年×月×日　9:00—10:30

七、活动地点

养老院一楼活动室

八、活动流程

项目	主要内容
活动前	活动通知发出后三天，到各个楼层去统计参会老年人姓名和所要谈及的问题，进行分类。
	将参会人员及问题情况整理后，交予参会领导。
	邀请领导，布置活动场地，迎接各楼层不方便走路的老年人。 与等待已久的老年人拉拉家常，或者给老年人进行按摩等。

续表

项目	主要内容
活动中	播放养老院宣传视频作为背景，迎接老年人入场。
	主持人自我介绍，介绍参会人员，对本活动进行介绍。
	与老年人进行互动热场，玩破冰游戏。
	院方领导讲话，就某些问题进行自我批评。
	对所涉及的问题按类别开展茶话会。主持人与老年人互动。
	院方领导发言，并给每个参会老年人发放礼品。
活动后	主持人对活动进行总结、致谢及合影留念。会后对活动进行评价。

九、活动道具

音响设备，U盘，照相机，摄像机，茶水，点心。

十、人员安排

工作事项	负责人
活动统筹	
主持人	
签到人	
摄影摄像人员	
后勤人员	
媒体宣传	

十一、经费预算

项目	数量	金额（元）
一次性水杯	1袋	9
茶叶	1袋	8
横幅	1条	45
装饰气球	1包	10
水果点心	10斤	50
合计		122

十二、备注

(1)活动结束后，要对本次茶话会的内容进行总结，并及时对所提出的问题进行意见反馈。

(2)对于参会老年人情况事先要有基本了解，谈话话题有所沟通，以免会场出现不可控局面。

子任务二　活动实况及经验分享

本次活动以老年人讲述在养老院的生活为主，活动中老年人围绕在养老院的衣食住行进行发言和讨论，并积极与组织者互动，活动达到预期效果。

图 8-6　工作人员布置活动场地

图 8-7　去各楼层迎接老年人参与活动

图 8-8　主持人与老年人互动

图 8-9　参与者活动结束后合影留念

"健康养老　快乐生活"活动分享经验

项目	内　容
经验分享	优点： 　　（1）以播放养老院宣传片为背景，欢迎老年人入场，倡导了一种正面向上的茶话会气氛。 　　（2）老年人等待时间过久，工作人员以拉家常、按摩等方式安抚老年人。 　　（3）开场以玩破冰游戏为切入口，调节活动气氛。 　　（4）此类活动的准备工作不同于其他茶话会，它更侧重于会前与老年人进行沟通，了解情况。 　　（5）在老年人开始发言前，院方领导进行自我批评，这表达了一种诚恳的态度，有力地把茶话会推向积极一方。 缺点： 　　（1）老年人表达时跑题，主持人控场能力欠缺，导致老年人讲述时滔滔不绝。 　　（2）礼品发放过早，导致有些老年人早早离会。

实践训练

1. 结合实际情况，如出现冷场的情况，应该怎么办？

2. 请撰写一份关于征求调查类茶话会活动的策划书，活动主题自拟。

活动策划书

一、活动背景
二、活动目的
三、活动主题
四、参与人员
五、组织单位
六、活动时间
七、活动地点
八、活动流程
九、活动用品
十、人员安排
十一、经费预算
十二、备注

任务三

掌握回顾总结类茶话会活动

 任务目标

知识目标

通过具体情景案例的学习，了解回顾总结类茶话会的操作流程。

技能目标

掌握回顾总结类茶话会的具体操作流程及方法。

 任务分解

在回顾总结类茶话会活动中，有对交通工具的发展的回顾，对通信方式的改变的总结等主题内容。本任务以通信方式的改变为主题进行阐述。

子任务一　设计、策划及实施
——"通信发展给我生活带来的改变"茶话会

一、活动背景

通信技术借助现代科技飞速发展，给我们的生活也带来翻天覆地的变化。智能手机的兴起极大地方便了现代人的生活，然而很多老年人群体却因不会使用智能手机而无法感受到科技带来的通信便利。为了更好地服务老年人，让老年人与时俱进，能与儿女拉近沟通距离，特开展通信发展交流茶话会活动，通过茶话会活动，让老年人感受到通信的飞速发展。

通信发展给我
生活带来的改变
生活茶话会

二、活动目的

(1)让老年人们谈谈通信发展对自己生活的影响，了解时代变迁。

(2)丰富老年人的知识，紧跟时代发展脚步。

(3)让老年人通过现代通信方式，活动现场和亲朋好友联系一次，感受不同的通信方式。

三、活动主题

通信发展给我生活带来的改变

四、参与人员

机构有自主意识的老年人

五、组织单位

主办方：××社区康养中心

承办方：××社工服务中心

协办方：××协会

六、活动时间

××年×月×日　9：00—10：30

七、活动地点

养老院一楼活动室

八、活动流程

项目	主要内容
活动前	调查该养老院老年人使用现代通信工具情况。
	询问老年人想视频的亲朋好友微信或者 QQ，事先加好友，约定进行视频时间。

续表

项目	主要内容
活动中	主持人自我介绍，介绍参会人员，对本活动进行介绍。
	用 PPT 播放手机的发展史，让老年人了解手机的由来。
	让老年人自主讨论，自己最早用的手机是哪种，有何功能。
	教授老年人用现代智能手机。
	帮助老年人与老年人的亲朋好友进行一次微信或者 QQ 视频聊天。
活动后	主持人对活动进行总结、致谢。合影留念。会后做活动评价。

九、活动道具

音响设备，照相机，摄像机，茶水，点心。

十、人员安排

工作事项	负责人
活动统筹	
主持人	
签到人	
帮助老年人视频通话人员	
摄影摄像人员	
后勤人员	
媒体宣传	

十一、经费预算

项目	数量	金额（元）
矿泉水	2 箱	95
横幅	1 条	45
装饰气球	1 包	10
水果、点心	10 斤	50
合计		200

十二、备注

（1）活动结束后，要对本次茶话会的内容进行总结，并及时对所提出的问题进行意见反馈。

（2）对于参会老年人情况事先要有基本了解，活动内容与老年人及老年人亲朋好友有所沟通，以免会场出现不可控局面。

子任务二　活动实况及经验分享

本次活动以通信发展为切入点，活动中老年人对通信给他们的生活带来的变化进行发言和讨论，老年人们积极与自己的亲朋好友聊天，满足了他们的好奇心的同时，也将平常不联系的亲朋好友的情感紧紧联系在一起，活动达到预期效果。

图 8-10　活动前接老年人参与活动

图 8-11　为老年人讲解

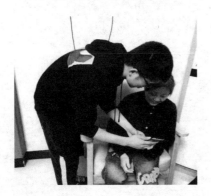

图 8-12　教老年人玩智能手机

图 8-13　活动后老年人合影留念

"通信发展给我生活带来的改变"活动分享经验

项目	内　　容
经验分享	优点： 1. 让老年人接触到了新鲜的事物，这个座谈会的话题人人都有话可说，在活动中都打开话匣子，积极踊跃发言。 2. 让老年人进行现场视频聊天，他们觉得很惊喜，不断回味。 3. 有一位老年人谈及过去的书信时，因为当时通信不发达耽误了大事，潸然泪下。 缺点： 1. 在与老年人亲朋好友联系时，有些老年人亲朋好友因为工作忙的原因，无法给老年人进行视频连接，老年人心理上有些起伏。 2. 礼品发放过早，导致有些老年人早早离会。

 **实践训练**

1. 请大家策划一次"_____城市的变迁"的茶话会活动。

2. 请大家谈一谈：茶话会活动前期主要做哪些事情。

任务四

掌握学习交流类茶话会活动

 任务目标

 知识目标

通过具体情景案例，学习了解学习交流类茶话会的操作流程。

技能目标

掌握学习交流类茶话会的具体操作流程及方法。

任务分解

在学习交流类茶话会活动中，有对时事热点进行学习讨论，对书法、美术等艺术爱好进行交流，对现在正热播的电视剧、电影展开讨论等主题内容。本任务以时事热点学习讨论为主题内容进行阐述。

子任务一　设计、策划及实施
——"信仰中的党的十九大"老年人茶话会

一、活动背景

全民期盼、举世瞩目党的十九大胜利召开，是全党全国各族人民政治生活中的一件大事，是我们党在我国进入全面建设小康社会关键时期和深化改革开放、加快转变经济发展方式攻坚时期召开的一次十分重要的会议。老年党员要以党十九大精神为指导，发挥党员先锋模范作用，为全面建设小康社会做出贡献，为建设和谐社会、和谐养老院出一分力。

信仰中的党的
十九大茶话会

二、活动目的

(1)通过对党的政治理论、最新时事进行学习，全面提升老年人的思想觉悟。

(2)在养老院营造良好的思想理论氛围。

(3)巩固马克思主义在意识形态领域的指导地位。

(4)巩固全党全国人民团结奋斗的共同思想基础

三、活动主题

信仰中的党的十九大

四、参与人员

机构内老党员同志

五、组织单位

主办方：××社区康养中心

承办方：××社工服务中心

协办方：××协会

六、活动时间

××年×月×日　9：00—10：30

七、活动地点

养老院一楼活动室

八、活动流程

项目	主要内容
活动前	收集党的十九大报告的相关资料、视频。
	通知老年人参与活动时间、地点。
	邀请养老院领导说话。

续表

项目	主要内容
活动中	活动开始，主持人发言介绍本次茶话会的主题，介绍到场嘉宾。
	主持人向老年人们介绍本次活动的流程，发放学习资料。
	党的历史回顾，以言简意赅的语言介绍党的一大到党的十八大的重要决策、主要事件。
	聚焦党的十九大，请老年人谈谈党的十九大学习中自己的感受和收获，最期望在党的十九大期间看到的改变是什么。
	给祖国写祝福语。
活动后	主持人对活动进行总结、致谢。合影留念。

九、活动道具

扩音器，照相机，摄像机，茶水，点心。

十、人员安排

工作事项	负责人
活动统筹	
主持人	
签到人	
收集资料、视频	
摄影摄像人员	
后勤人员	
媒体宣传	

十一、经费预算

项目	数量	金额（元）
矿泉水	2箱	95
横幅	1条	45
装饰气球	1包	10
水果、点心	5千克	50
便利贴	1包	3
合计		203

十二、备注

（1）活动结束后，要对本次茶话会的内容进行总结，并及时对老年人所提出的建议意见进行梳理。

（2）对于参会老年人情况事先要有基本了解，活动内容与老年人及时沟通，以免会场出现不可控局面。

子任务二　活动实况及经验分享

在本次活动内容安排中，"我为祖国献祝福"环节，把祝福语写在便利贴上，再粘到许愿树上，老年人很严肃认真。在党的一大到党的十八大知识问答环节，老年人积极踊跃，正确率极高。活动达到预期效果。

图 8-14　活动前接老年人参与活动

图 8-15　老年人将祝福卡贴到许愿树上

图 8-16　老年人们在讨论学习党的十九大报告

图 8-17　活动结束后合影留念

"信仰中的党的十九大"活动分享经验

项目	内　容
经验分享	优点： 1. 这个座谈会的话题老党员都有话可说，在活动中都打开话匣子，积极踊跃发言。 2. 在活动中运用媒介，加深了老党员的党性修养。 缺点： 1. 党员对一些知识问答中的题目很陌生，应选择老年人熟悉的题目做问答题目。 2. 老年人都能说会道，要控制好整体时间。

实践训练

1. 以小组为单位，联系一家社会机构，策划和开展一次茶话会类活动。

2. 根据老年人茶话会类活动的目的划分，请同学们分别想出三个相关的活动主题。

项目九　策划组织老年人外出类活动

 项目情景聚焦

　　老年人通过参与外出类活动，游览各地山水，饱览各处名胜古迹，了解各地风土民情，可以为老年人生活增添新的乐趣，丰富其精神文化生活，对老年人身心具有良好的调节作用。如可锻炼体魄，增进健康；扩大视野，掌握生活实用技能；放松心情，陶冶情操；重返社会，增加与外界的联系；缓解孤独，培养集体主义精神；等等。外出类活动中，老年人离开了自己熟悉的环境，容易引发一系列的意外事件，因此要注意老年人的人身财产安全，奉行安全第一的原则。

 项目目标

　　通过学习本项目内容，同学们能全面了解老年人外出类活动的定义、策划流程、执行管理，掌握短途类和长途类外出活动的具体策划与组织，同时打开思路，设计一些更加适合老年人，主题丰富的外出类活动。

任务一

老年人外出类活动策划组织概述

 任务目标

知识目标

全面学习了解老年人外出类活动的定义、分类、特点等内容。

技能目标

1. 掌握老年人外出类活动的基本流程。

2. 学会老年人外出类活动的执行管理。

3. 学会老年人外出类活动的评价。

 任务分解

子任务一　了解老年人外出类活动基本概念

一、什么是老年人外出类活动

老年人外出类活动，简单地说，即老年人为了实现某一目的而在空间上从自己常住地点到异地的过程。老年人参与外出类活动可锻炼体魄，掌握生活实用技能，扩大视野，增长知识，陶冶情操，培养集体主义精神等，可以为老年人生活增添乐趣，丰富精神文化生活，对老年人身心具有良好的调节作用。

二、老年人外出类活动分类

老年人由于生理心理的特点，在外出活动地的选择上应该慎重考虑，很多年轻人可以选择的活动地点不一定适合老年人。

老年人年外出类活动的分类

尽管如此，可供老年人选择的外出类活动依然丰富多样，按照不同的标准划分，将有不同的类型。本章节按照活动地资源、活动内容、活动持续时间长短进行划分，按照不同标准划分的活动相互之间也有重叠部分。

1. 根据活动地资源划分

表 9-1　根据活动地资源划分

项目	内容
自然旅游资源	自然旅游资源又称自然风景旅游资源，指凡能使人们产生美感或兴趣的、由各种地理环境或生物构成的自然景观。它们通常是在某种主导因素的作用和其他因素的参与下，经长期的发育演变而形成，具有游览观光、休息疗养、娱乐体育等吸引力。如山川、河流、湖泊、瀑布、森林、草原、珍稀树种、日出、云海等。
人文旅游资源	人文旅游资源是人类创造的，反映各时代、各民族政治、经济、文化和社会风土民情状况，具有游览功能的事物和因素。它也分为三大类，即古迹与建筑类，休闲求知健身类(包括科教文化设施、疗养和福利设施、动物园、植物园、公园、体育场馆、游乐场所、节庆活动、文艺团体等)和购物类(包括购物中心、著名店铺、地方特产等)。
社会旅游资源	为了应对需要，满足需求，所有能提供足以转化为具体服务内涵的客体，皆可称为社会旅游资源，包含宗教文化资源、城乡风貌、现代人造设施及饮食购物等。如参观游览型的宗教建筑艺术、宗教建筑和艺术本身营造的宗教活动场所、田园风光、古镇村落、富有特色的地方风味美食、特产名品、特色市场等。

图 9-1　自然旅游资源之海南岛

图 9-2　自然旅游资源之张家界

图 9-3　人文旅游资源之敦煌莫高窟

图 9-4　人文旅游资源之购物中心

图9-5　社会资源之凤凰古城

图9-6　社会资源之少林寺

2. 根据活动内容划分

表9-2　根据活动内容划分

项目	内　容
游览鉴赏型	指可以从容地参观、欣赏和鉴赏为主的活动类型，其中以优美的自然风光、著名古代建筑、遗址及园林、现代城镇景观、山水田园和以览胜祈福为目的的宗教寺庙等为主。
知识型	指老年人可以从中学习新知识新技能，开拓眼界的活动，增长见识，以文物古迹、博物展览、自然奇观等为主。
体验型	指老年人可以参与其中，成为活动的一分子，体验活动的过程。以民风民俗、节庆活动、风味饮食等为主。
康乐型	指可以达到康复、娱乐等目的的活动，以文体活动、度假疗养、人造乐园等为主。

3. 根据活动持续时间长短划分

表9-3　根据活动持续时间长短划分

项目	内　容
短途类	短途类是指一天内可往返的老年人外出活动。由于时间的限制，外出的地点基本以活动的出发点为圆心向外延伸，通常采用坐车出行，往返车程加起来不超过3小时。此类活动地点主要是农家乐、步行街、商场、公园、市内或者市郊的旅游景点等。
长途类	长途类是指老年人外出活动时间需要一天以上，即需在外过夜的活动。这类活动外出时间较短途长，可选的交通工具很多，可以采用单一，也可选择几种交通工具；出行距离可以更远，内容更丰富，如知名的风景名胜、度假疗养等。

三、老年人外出类活动特点

表9-4　老年人外出类活动特点

项目	内　　容
综合性	老年人外出类活动涉及食、宿、行、游、娱、购六大要素，实际上涵盖了文学、艺术、哲学、历史、宗教、民俗、饮食、服饰、文物、建筑、交通、地理等各门学科。在上述的领域中，可以开发的自然和人文资源是无穷无尽的。老年人在活动过程中与上述因素同时发生联系，因此老年人外出类活动具有明显的综合性。
享受性	求知、求乐、尝新等是老年人参加外出类活动的共同追求。因此外出类活动是老年人为了追求物质、精神上享受的活动，是一种随着社会生产力水平提高而出现，并不断发展的高级活动形式。尽管不同老年人对活动内容的需求有所不同，但有一点是共同的，是为了获得身心愉悦和满足。
慢节奏	在老年人外出类活动策划中，一定要注意老年人的生理心理特性。因此，需要给老年人留出足够的游览、休息、上卫生间、吃饭等时间。不能为了完成参观游览目标，一味催促，这样不能保证活动质量。
重陪护	老年人在外出时，有时会突然要上洗手间，有时会忘记了集合时间地点，有时身体会出现不舒服的情况等。这些情况都有可能会导致老年人在活动中走失、掉队等。在老年人外出类活动中，一要保证有足够数量的工作人员和医护人员，保证在活动中老年人的安全。
怀旧性	老年人普遍有怀旧思乡的情节，向往中国历史以及传统文化。因此，老年人对怀旧之旅、红色景点、民俗文化、历史文化表现出浓厚的兴趣。
选择性强	由于老年人生理机能下降，对外出类活动目的地选择性强，对出游活动的安排比较慎重。因此，出发前需要通过各种渠道，对目的地的情况做尽可能详尽的了解，并力求提前安排。
高要求	老年人对外出活动的安全保障和服务质量的要求较高，对整个旅游行程较为挑剔，要求安全、舒适，对住宿、餐饮的要求很高，需要提供差异化的服务。对工作人员能力要求相对较高，工作人员要有耐心和细心，时刻关注老年人的安全和健康，还要特别注意细节。
经济性	老年人普遍省，外出活动游览会选择经济实惠、性价比高的旅行团或者观光团。所以，在为老年人安排行程时，景点门票、交通、住宿、用餐等最好能争取到最大的优惠。

子任务二　掌握老年人外出类活动策划思路与组织要点

一、老年外出类活动策划基本流程

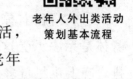

老年人外出类活动
策划基本流程

1. 明确老年人外出类活动的目的

老年人外出类活动的目的是为丰富老年人的晚年生活，开拓老年人视野。通过组织老年人参与外出类活动，让老年人在优美的自然风光或人文景观中身心得到陶冶，身体得到锻炼。同时，为老年人之间的相互学习提供平台，增进老年人之间的交流与沟通。

2. 了解影响老年人外出类活动进展的因素

由于老年人特殊的生理心理特点，在策划外出类活动时一定要考虑到一系列的影响因素。在外出游玩前必须认真考虑老年人的身体状况、外出时间、地点、行程、交通、经济状况等，正确对其进行选择，以免发生不必要的伤害。

（1）必须关注老年人的身体状况。根据活动的地点、内容和持续的时间，选择招募相关身体素质的老年人。由于外出改变了老年人的熟悉的环境，同时需要体力完成活动，所以对老年人的身体素质要求较高，最好在活动前能做好体检工作，排除一些有严重疾病的老年人，保障老年人的安全，同时必须征得老年人家属签字同意。

> **小贴士**
>
> **如何避免老年人在外出过程中走失?**
>
> 1. 随时清点老年人人数。
>
> 2. 增加看护人员数量，每个人负责3～5人，让老年人时刻在看护人员的视野之内。
>
> 3. 给老年人戴上统一的标志（帽子、袖标、胸牌等）。
>
> 4. 请老年人家属参加活动。
>
> 5. 请老年人排队进出观赏地点。
>
> 6. 组织人员在观赏地点的入口和出口等待。

（2）从时间上看，老年人应尽量避免在旅游旺季出行，选择在4月到6月和9月到10月为宜。因为这个期间天气比较舒适，老年人不容易生病，包括在春冬季多发的流行性感冒等，夏天多发的细菌性痢疾、"热"中风等

"季节病"。根据老年人身体状况确定参加短途或长途类外出活动。短途类外出活动可以 3～6 小时，可当天去当天回，一般不宜超过一天时间；长途类外出 1～5 天，最长不要超过 5 天。

③从地点上看，老年人应更多考虑旅游地的地理、气候、住宿、饮食条件等，可选择一般的观光团，像乡村一日游、历史名城、海滨城市旅游等，最好不要到高海拔地区去，或者去涉及登山、涉水等项目的地域。

④从行程上看，若日程安排太过紧张，甚至一天去几个景点，老年人的身体是无法承受这种节奏的，最好不要选择路途太远、景点太多的行程安排，晚上也尽量多休息，不宜太过兴奋，随行一定要安排足够数量的工作人员和医护人员，以便老年人有需要的时候得到帮助。

⑤从经济上看，老年人普遍比较节省，消费比较理性，对外出活动的经济性和实惠性要求较高，所以在外出旅游活动主题的安排上尽可能选择性价比高、实惠的行程。

3. 确定老年人外出类活动出行方式

老年人外出类活动在交通工具的选择上，最好搭乘飞机和火车，这样可以节省时间，避免旅游的疲劳，但如果老年人本身患有较为严重的呼吸器官疾病、心脏病等，最好慎重考虑搭乘飞机。建议老年人尽量不要自驾出行，因为路上的突发事件往往会让老年人难以应付。如果是乘车，车辆要选择车况较好，座位软硬适中，空间大小合适，驾驶员要业务精湛，富有爱心，要保证老年人坐得安全和舒服。如果外出的目的地是商场、展览馆等地点，那么一定叮嘱老年人要注意上下楼乘坐电梯安全，半失能老年人要有护理员跟随。外出类活动一定不能让老年人舟车劳顿，要在车上时刻关注老年人身体和心理状态，以便时刻准备采取相应的措施，以保证老年人的身体情况保持在一个比较良好的状态。

4. 对老年人外出类活动地点做好调查

不管是长途类还是短途类外出活动，组织者都要事先对活动地点有个全面的了解。可以通过各种媒体咨询了解或者组织者亲自到现场踩点，以确保活动顺利安全地完成。

5. 了解组织老年人外出类活动应注意的事项

①一定要有完全准备，充分考虑老年人身体状况，准备好必要的物品和

药品，切勿匆忙出游。

②活动前，应先了解目的地的天气情况，预知风雨，然后决定行程。

③外出类活动的主题选择上尽可能地满足老年人的需求和爱好，如红色景点、风景名胜等，外出的交通、住宿、用餐等都要安排得细致周到。

④老年人记性差、容易忘事，外出时一定要把随行工作人员的电话号码、车牌号、住宿酒店名、房间号等都给老年人写上，以备不时之需。必须要重复多次，直到老年人记住。

⑤为防止跌跤，旅行时要尽量少涉险，督促老年人缓慢行走，若登高，最好持杖，以维持身体平衡。

⑥面对各地美味佳肴，老年人不能来者不拒，如饮食无度，势必会加重胃肠负担，引发消化道疾病。

⑦老年人外出时的行程不能安排得太累，一定要合理，老年人适应早上很早起床，最好是早去早回。与年轻人相比，中老年人体力、耐力均有所下降，故应量力而行，切不可鲁莽行事。

⑧老年人基本不参加夜间活动，所以一般情况下，晚上最好不要组织活动。白天游玩比较劳累，应留下更多的时间让他们休息，以便保持体力，接着第二天行程。

⑨购物的安排，老年人家购物喜欢买茶叶、保健品等，家人和工作人员要做好提醒工作。

6. 老年人外出类活动三个阶段的掌控

(1)出发前。

①集合，点名，清查人数，组织上车或其他交通工具。

②检查老年人东西是否齐全。携带的衣物、随身物品、药品等是否完备。

③佩戴统一标识。

④预防晕车。提醒老年人上车前不可吃得过饱过油，并备好晕车药，出发前半小时至1小时空腹服用。

⑤如果有家属或者志愿者陪同，一定要讲清要求，关照好老年人行踪，保证老年人安全。

⑥给老年人讲清活动的流程及注意事项，告诉老年人随队有医护人员并携带了急救用药，有不适要及时联系。

⑦带好手杖。手杖是老年人的"第三条腿"，能够在极大程度上为老年人保驾护航。因此，高龄老年人外出时应携带手杖。

⑧组织者可以给老年人讲些故事、准备一些游戏或组织老年人唱歌，以增加活动的趣味性，活跃气氛。

⑨如果步行，注意速度、路况、队形。

(2)活动中。

①动静结合。老年人外出，离不开体力活动。但是由于老年人毕竟年事已高，体力有限，在活动过程中，要注意选择距离较短、适合休息的场所，以免老年人劳累过度，得不偿失。

②照顾全体。每次组织老年人外出类活动，一般以一二十人为好。但是由于老年人爱好、性格、体力不同，组织者要时刻关注每个老年人，免得有人大声喧哗，影响别人，也要避免有的老年人受冷落，一个人闷闷不乐。

③不要过度疲劳。外出地迷人的风光，常使人流连忘返，老年人在不知不觉中极易出现过度疲劳。如果出现乏力、多汗、头晕、眼花、心悸等症状时，应尽早休息，不可勉强坚持，患有心血管病的老年人，组织者更应加强监护。

④防止意外。外出时，组织者应尽量避免让老年人涉险，以免发生意外。要备足衣服，携带雨具，不宜坐阴冷潮湿的石地上，防止雨淋，避免受凉致病。

⑤紧紧围绕活动主题，为老年人安排活动行程，做好讲解宣传工作，以达到活动的目的。

(3)结束后。

①集合，清查人数，组织老年人上车或其他交通工具。

②回程途中，组织者请大家说说外出游玩的感想，交流此次活动的心情和收获。

③安全把老年人送到目的地。

④做好活动的评价工作，以便总结经验，更好地举办下次活动。

老年人外出类活动的执行与管理

二、老年人外出类活动的执行与管理

1. 做好活动宣传，招募相应老年人参加

(1)活动信息发布方式。

不管是社区居家老年人还是居住在养老机构的老年人，我们都要首先明确哪些类型的老年人适合参加本次活动，然后有针对性地进行宣传。通常有以下一些信息发布的方式：

①口头通知。这种方式适合参加人员较少的情况，组织者非常清楚社区或者机构老年人的情况，有针对性地到老年人家里进行宣传。此方式的优点是明确、具体，能准确得知老年人的反馈意见。通知者还可以根据老年人身心特点，变换不同的语言表达方式，而且便于统计参加活动的人数。此方式的缺点是通知人员比较辛苦，需要到家里寻找到老年人，多次重复相同的语言，需要时间长。

②交流媒介通知。如通过电话、微信、QQ等通知。这种方式和口头通知相比，优点相同，又在一定程度上克服了面对面找人需要时间长的不足。缺点是可能有的老年人不能很好地明白组织者的意图。

③广告通知。通过网络、宣传栏、宣传册通知等。宣传栏文字通知适合老年人居住比较集中、宣传栏是必经之地的情况。人手一份折页适合通知内容较多、观赏活动需要时间较长、地点比较远、准备需要很充分的情况使用。网络等通知适合招募更大范围的老年人，对老年人的要求，包括身体状况、经济状况等。

④多种形式并用。为了使老年人外出类活动的组织取得最佳效果，一般可以几种方式同时使用。

(2)宣传具体内容。

老年人外出类活动的宣传招募通知应写明：参加老年人的身体条件、活动时间、活动主题、活动地点、注意事项、主办方、收费标准、联系方式等。宣传通知时也要适当描述所观赏事物的亮点，以激发老年人好奇心，引起老年人兴趣。

（3）后续工作。

要及时掌握了解实际情况，收集报名老年人的人数及身体状况，做好应对措施，使活动能顺利进行，达到预期目的。

2. 活动现场的组织与管理

（1）招募到了相关条件的老年人后，在约定时间、地点进行集合清点人数，讲解相关注意事项，并为老年人检查携带的物品药品是否齐备。

（2）再次确定活动的交通工具、景点天气、门票、住宿、用餐、导游，景区的休息场所、厕所、人员是否拥堵等情况。

（3）根据老年人的数量、身体状况和行程主题，招募相关人数的志愿者或者工作人员，在整个途中一定要严密关注到老年人的健康状况和人身财产安全情况，并真情实意地关心关爱老年人，让老年人感受到我们的关心。

（4）活动中注意节奏的把握，根据景点特点及老年人身体情况，适当地安排休息时间。

（5）活动组织者紧扣活动主题，为老年人讲解景点特色，参与至活动中来，让老年人充分享受其中，满意而归。

（6）活动组织者最好邀请老年人子女或者其他家属或者志愿者一同参加，这无疑对老年人安全多一份保证。

（7）短途类外出活动，可以在老年人自愿的情况下，购买一份意外保险。这里要了解的是不同保险公司有不同的年龄限制，超过一定年龄的老年人，保险公司可能会不接受投保。

（8）做好各类应急预案，如老年人突发疾病、老年人走失、老年人财产丢失等都有相关的解决措施，保证活动顺利进行。

3. 组织人员应注意做好的内容

老年人外出类活动，特别是长途类外出活动，活动组织方的工作人员选择对活动顺利展开是极为重要的。这类工作人员的选择，一般可以从以下四个方面的内容着手：

（1）态度温和，用真心、细心关爱老年人。

工作人员在外出活动中要做的就是用爱心、耐心、真心对待老年人，让老年人充分感受到关心。在工作的细节上，在情感上，无一不能体现出真情实意。对于老年人来说，真情实意比车里或者景区里讲更多内容更为重要。工作人员一定要细心点，注意照顾那些行动不便的老年人，特别在车上就不要搞太多活动了，老年人一般都不太感兴趣。到景区参观游玩时要注意步速，切记不能走得太快，要照顾一下后面走得慢的老年人，以防他们掉队。

(2)学会和老年人交谈，满足老年人的倾诉欲望。

老年人都喜欢倾诉自己的人生感悟。工作人员可以结合本次行程的主题和老年人聊聊他年轻时游历过的国内外的风景名胜等，或者根据老年人的喜好，聊聊相关的话题，如养生知识、历史或者生活经验等。

(3)一定要注意旅途中全方位的安全。

工作人员在带领老年人进行参观游览时，首要任务是保证安全。任何工作中都要突出一个"稳"字，跟老年人说话时速度要慢，声音要响亮，服务态度要亲切、热情和周到，确实做到走路不观景，观景不走路。碰到上山下坡、路滑不平时，更要提醒他们注意安全，缓慢行走，并注意保护老年人的人身财产安全。

(4)工作人员一定要全方位把控活动行程和进度，提前准备下一个环节的内容，做到稳而有序。关注老年人的同时，也要照顾好随行的老年人家属、志愿者等，让他们各司其职，并在活动中有所收获。

一般来说老年人外出游玩，相比年轻人外出活动需要更多细节的考虑，不管是从吃、住、行、游、购、娱六方面，还是从健康安全方面来说，都需要倾注更多的心思，在保证老年人游玩得开心的同时，一定要预防各种不良事件的发生，保证老年人的安全，以达到老年人外出活动的目的。

三、老年人外出类活动的评价

老年工作者会不断地组织外出类活动，只有每次活动不断总结经验，吸取教训，梳理外出类活动每个环节的标准并不断完善，才能把活动组织得越来越好。因此，对每次活动的评价就显得越发重要。

表 9-5　老年人外出类活动的评价

评价项目		具体评价内容
评价内容 （外出活动 阶段）	出发前	1. 人员都通知到没有，是否全部到位； 2. 老年人思想准备、物质准备、药品等是否充足； 3. 交通工具、住宿、用餐、游览景点是否落实； 4. 随行工作人员、家属是否进行培训并明确各自职责； 5. 在到达目的地前，是否给老年人讲清注意事项； 6. 对外出地点的环境、路况是否熟悉，能不能保证老年人安全、顺利外出游玩； 7. 老年人有意外情况，有没有应急预案； 8. 对外出活动相关知识有没有储备，或者有没有联系好导游。
	活动中	1. 天气有没有出现异常，老年人衣物、雨具是否准备充足； 2. 老年人活动时有没有不适，有没有出现发病、摔伤等意外； 3. 老年人是否玩得认真开心快乐、情绪愉悦； 4. 老年人有没有不文明现象，如随地扔垃圾等； 5. 活动时间、行程安排掌控是否合适； 6. 如厕、洗手、休息等是否方便； 7. 出现突发情况，是否及时解决。
	结束后	1. 老年人是否按时集合； 2. 老年人对外出活动是否满意，有什么意见或者建议； 3. 延伸活动，老年人是否增长了见识，提高了能力，达到了外出活动的目的； 4. 活动中发生了哪些不良事件，是什么原因导致的，是事前安排不合理，还是突发状况，没有相关应急预案，做好此类的总结； 5. 本次活动对那些未参加的老年人来说产生了什么样的影响，能否激发老年人外出活动的兴趣； 6. 本次活动对养老机构或者社区带来什么好的社会影响，以后是否组织更多的外出活动。
评价时机		对于外出类活动的评价，可以穿插在活动的各个阶段，并一直延续到延伸活动结束。这时，老年人、参与人员对一系列活动印象深刻，意犹未尽，参与评价意识强。比如，游玩时、回程途中、老年人进餐时，都有意识地提出该话题，让老年人畅所欲言。在老年人评价此次外出活动时，组织者要虚心听取，有必要的话可对活动进行适当调整。
评价方式		组织者可以通过个别访谈或活动结束后抽样座谈以及填写调查问卷等形式进行评价。
评价人员		一般由活动组织者发起，参与评价的包含老年人、护理员、医护人员、司机、导游、志愿者、家属等。

 **实践训练**

　　1. 老年人参加外出类活动需要征得家属的同意，请同学们草拟一个老年人外出类活动风险告知书，让老年人家属知情同意。

　　2. 请同学们思考，组织老年人外出类活动可以运用到的社会资源有哪些，怎样让社会资源参与进老年人的外出类活动，使活动更好地开展，达到预期的目的。

任务二

掌握短途类外出活动

 任务目标

知识目标

通过具体情景案例，学习了解短途类外出活动的操作流程。

技能目标

掌握短途类外出活动的具体操作流程及方法。

 任务分解

老年人短途类外出活动指一天可往返并以活动出发点为圆心向外延伸，往返车程不超过3小时的活动，主题多样，如农家乐、步行街、商场、公园、市内或者市郊的旅游景点等。本任务以超市购物活动为例进行阐述。

子任务一　设计、策划及实施
——××超市购物活动

一、活动背景

　　××老年中心地处××街道旁，与外界购物区距离较远，老年人外出购物不方便。为了满足老年人的购物需求，中心联合××超市为老年人提供免费购物班车，解决老年人的生活需求。

**超市购物
活动**

二、活动目的

（1）为老年人提供一次外出购物的机会。

（2）丰富老年人的生活，让老年人接触外界，扩大视野。

三、活动主题

尽享购物乐趣，畅享快乐生活

四、参与人员

××中心住养老年人（人数限制在 30 人以内）

××中心工作人员（社工、医生）

××志愿者（与老年人人数对等）

五、组织单位

××中心社工部

六、活动时间

××年×月×日　9：00—11：40

七、活动地点

××超市

八、活动流程

活动前：

（1）×月×日联系××超市，争取超市的支持，提供免费班车，给老年人购物优惠，并联系媒体。

（2）×月×日通过广播室、各楼层护理站通知老年人报名参加，确定老年人人数。

（3）招募对应老年人人数的志愿，一对一陪同老年人。

（4）制作老年人及志愿者通信录及一对一表格。

（5）活动当日天气：晴朗。

活动中：

（1）上午 9：00，老年人齐聚一楼大厅，9：00—9：20，与志愿者配对，合影。

(2) 9:30,上车。

(3) 10:10,达到××超市门口。

(4) 10:10—11:00,超市购物。

(5) 11:00—11:10,超市门口集合上车。

(6) 11:40,回中心。

活动后:

(1)收集媒体报道文章及视频。

(2)发照片及视频在家属群。

(3)写活动总结并上报。

九、活动用品

老年人胸牌 30 个、小红帽 30 个、相机 1 个、小旗子 1 个、扩音器 1 个、急救药箱 1 个。

十、人员安排

随行医生护士:××,××

领队:社工××

拍摄人员:××

媒体负责人:××

志愿者领队:××

十一、媒体支持

××晨报、××新闻、××政府新闻网

十二、经费预算

胸牌 30 个:60 元

小红帽 30 个:150 元

小旗子 1 个:20 元

总计:230 元

十三、备注

（1）外出参与活动老年人需身体状况良好，认知能力良好，并征得老年人家属知情同意，最好能为老年人购买意外险。

（2）为保证老年人安全，需随行安排一对一志愿者全程陪同老年人，防止老年人发生摔跤、走失等危险，并提前给志愿者讲清活动流程与注意事项。

（3）随行需安排医生或护士，当老年人外出途中出现任何不舒服，第一时间为老年人解决，保障老年人安全。

（4）给老年人及志愿者讲清活动流程与集合时间，防止个别老年人掉队影响整体行程。

（5）志愿者、工作人员安排充分，特别是活动开展前与超市的负责人员沟通好相关事宜，提前查询相关天气情况，是活动顺利进行的重要保证。

子任务二　活动实况及经验分享

本次活动经过老年人自主报名，中心相关负责人根据老年人身体状况及家属意见，筛选出大约 25 名老年人参加本次活动，在志愿者全程陪同下，老年人开心挑选心仪的商品，并安全抵达中心，全程工作人员按照既定安排，保证每个环节有序进行，老年人满意度较高，希望经常组织类似活动。

图 9-7　集合完毕，出发略

图 9-8　超市门口集合

图9-9　老年人开心地选购红枣

"尽享购物乐趣，畅享快乐生活"超市购物活动分享经验

项目	内　容
经验分享	优点： 1. 此活动满足老年人真正的需求，同时让老年人有机会接触外界，老年人满意度高。 2. 活动招募了一对一的志愿者，同时安排了随行医生，充分保障老年人安全。
	缺点及对未来的建议： 1. 鉴于本次活动的人数的限制，有一些行动不便的老年人也想参加本次活动，但是没能参加。未来在领导的许可下，可开展行动不便的老年人的外出购物活动，让老年人接触外界。 2. 本次活动志愿者招募的是大学生志愿者，下次可招募老年人家属，让家属通过参与活动，更加了解中心工作，建立与中心沟通的桥梁，加深相互之间的信任与理解。

 实践训练

1. 假定你是某养老机构的工作人员，请你分别为失智老年人和失能老年人各策划一个主题鲜明的短途类外出活动。

活动策划书

一、活动背景
二、活动目的
三、活动主题
四、参与人员
五、组织单位

续表

六、活动时间	
七、活动地点	
八、活动流程	
九、活动用品	
十、人员安排	
十一、经费预算	
十二、备注	

2. 请同学们思考如果邀请媒体参与活动，对活动进行相关报道，有哪些优点和缺点。

任务三

掌握长途类外出活动

 任务目标

🔘 **知识目标**

通过具体情景案例，学习了解长途类外出活动的操作流程。

🔘 **技能目标**

掌握长途类外出活动的具体操作流程及方法。

 任务分解

老年人长途类外出活动是指活动时间至少需要一天以上，即需在外过夜，出行距离较远，内容丰富，如知名的风景名胜、伟人故居、度假疗养等。本次活动以××福利院重阳节黄兴故居之旅活动为例阐述。

子任务一　设计、策划及实施
——××福利院重阳节黄兴故居之旅活动

一、活动背景

秋日秋高气爽，是外出游览的好时节，老年人长期居住在福利院，与外界联系较少，很少接触新鲜事物。同时正值重阳节之际，志愿者资源丰富，是组织外出活动的良好时机。

二、活动目的

一年一度的重阳节即将来临，此时组织我院部分老年人前往黄兴故居参观学习，重温革命历史，缅怀革命先烈，接受革命传统教育，以达到丰富老年人的生活，增进老年人的交流，增加见识的目的。

三、活动主题

缅怀革命先烈，珍惜当下生活

四、活动对象

需身体素质良好，能自如行走，没有严重突发性疾病的老年人。

五、组织单位

主办单位：×××社工部

协助单位：×××雷锋车队

×××志愿队

六、活动时间

出发：×年×月×日（星期×）早上 7:40 集合，8:00 出发

返回：×年×月×日下午

共计两天一晚。

七、活动地点

游览地点：黄兴故居

住宿地点：×××酒店

用餐地点：早—×××饭店

中—×××饭店

晚—×××饭店

八、活动流程

活动前：

(1)联系旅行社，沟通好具体的安排，尤其是老年群体的特殊安排，撰写活动策划，征得院领导同意。

黄兴故居活动

（2）发放活动通知，组织报名。

（3）人员筛选。对于身体状况不佳的老年人，进行说服劝解不参加本次活动。同时征得老年人家属同意。

（4）招募相应数量的活动志愿者一起前往。同时安排相关工作人员随行。

（5）协助老年人携带相关药品、物品，穿戴合适衣物、鞋袜。

活动中：

（1）早上组织老年人上车，讲解活动具体流程与注意事项、安排志愿者与老年人一对一结对。

（2）到达黄兴故居，组织老年人外出游玩。

（3）中午用餐。

（4）下午组织观看红色主题表演，晚上休息。

（5）第二天上午游览农家风景。

（6）中午用餐。

（7）下午回程，返程途中分享活动心得并提相关建议。

（8）行程中随时关注老年人，保证老年人安全愉快地游玩。

活动后：

（1）将老年人安全送达福利中心。

（2）组织工作人员、志愿者开展总结会议，及时做好活动的评价工作。

（3）给老年人家属报平安，给志愿单位写感谢信。

（4）撰写活动新闻稿，在自媒体等进行发表。

九、活动用具

基本药物、矿泉水、队旗、帽子、扩音器

十、人员安排

领队：×××

副领队：×××

医务人员：×××

志愿者：一对一的志愿者跟随老年人

司机：×××

十一、经费预算

矿泉水：×××元

队旗：×××元

帽子：×××元

基础药品：×××元

景点门票：免费

表演门票：×××元

用餐费用：×××元

住宿费用：×××元

用车：志愿团队捐赠

合计：×××元

十二、注意事项

(1)行程共计两天一晚，目的地天气晴好，气温为15～20℃，请老年人准备随身物品，换洗的衣物及药物，穿戴合适的鞋袜、衣物。

(2)请带好身份证和老年证。

(3)随行医生、工作人员、志愿者严密关切老年人安危，为老年人讲解景点知识，保证老年人安全愉快地度过本次活动。

(4)本次活动需征得老年人家属同意才能前往，并要签订知情同意书。

子任务二　活动实况及经验分享

活动当天天气状况良好，一早老年人准备好相关物品，在工作人员的组织下一一上车，工作人员细心为老年人及随行工作人员讲解活动流程及注意事项。伴随着优美的歌声，大概行车3小时就达到活动地点。稍作休整后，老年人达到景区，景区讲解员热情讲解。老年人们很愉快地度过了两天的行程，中间没有老年人发生不良事件，出现的一些小状况都及时得到有效的解决。整体来说活动老年人满意度高，效果良好。

图 9-10　纪念馆前合影留念

图 9-11　老年人们认真听工作人员讲解

图 9-12　老年人在历史照片前驻足停留

"缅怀革命先烈，珍惜当下生活"黄兴故居活动分享经验

项目	内　　容
经验分享	优点： 1. 此活动让老年人到外面走走看看，扩大视野，放松心情，老年人家属积极响应。 2. 活动招募了一对一的志愿者，同时安排了随行医生，充分保障老年人安全。 3. 活动目的地的选择较好，路途较平，内容是老年人比较喜欢的历史主题，讲解员讲解到位，老年人兴趣浓厚。
	缺点及对未来的建议： 1. 活动地点最好征集老年人的意见，根据老年人意见有计划地安排外出活动。 2. 活动费用较高，未来最好通过志愿者募捐赞助的方式减少开支。 3. 鉴于本次活动的人数及行程的限制，以便保证活动的顺利进行，有一些行动不便的老年人也想参加本次活动，但是没能参加。未来在领导的许可下，可开展行动不便的老年人的外出活动，让老年人接触外界。 4. 本次活动志愿者招募的是大学生志愿者，下次可招募老年人家属，让家属通过参与活动，更加了解福利院工作，建立与福利院沟通的桥梁，加深相互之间的信任与理解。

 **实践训练**

1. 请试着罗列出国内适合自理老年人出游的旅游景点有哪些，自然、人文景观均可。

2. 老年人外出类活动有哪些安全风险，应该如何做好安全预案？

参考文献

[1]常桦．企业文体活动策划与实施手册[M]．北京：中国工人出版社，2008.

[2]陈培爱．广告学概论[M]．北京：高等教育出版社，2004.

[3]范明林，张钟汝．老年社会工作[M]．上海：上海大学出版社，2005.

[4]冯国艳．竞赛运动中心理韧性的应用研究[J]．竞赛体育，2012(22).

[5]高云鹏，等．老年心理学[M]．北京：北京大学出版社，2013.

[6]李玺，叶升．企业活动策划——理论、方法与实务[M]．北京：清华大学出版社，2014.

[7]刘碧英．老年人心理特点与心理保健[J]．中国临床心理杂志，2005.

[8]刘嘉龙．休闲活动策划与管理[M]．上海：上海人民出版社，2011.

[9]刘静林．老年社会工作[M]．北京：中国轻工业出版社出版，2005.

[10]卢晓．节事活动策划与管理[M]．上海：上海人民出版社，2012.

[11]马兰．老年人心理特点与保健[J]．心理医师，2011(9).

[12]朴顺子，尚少梅．老年人实用护理技能手册[M]．北京：北京大学医学出版社，2011.

[13]全国社会工作者职业水平考试教材编写组．社会工作实务（中级）[M]．北京：中国社会出版社，2014.

[14]唐东霞．论老年人活动策划与组织原则[J]．江苏经贸职业技术学院学报，2012(2).

[15]王伟，浮石．活动创造价值，活动运营实操手册[M]．长沙：湖南科学技术出版社，2010.

[16]邬沧萍，杜鹏．老龄社会与和谐社会[M]．北京：中国人口出版社，2012.

[17]邬沧萍，姜向群．老年学概论[M]．北京：中国人民大学出版社，2006.

［18］吴华，张韧韧．老年社会工作［M］．北京：北京大学出版社，2011．

［19］徐坤，林雪，邓鸣菲．老年心理解码：如何提升晚年生活幸福感［M］.

北京：中国轻工业出版社，2013．

［20］赵学慧．老年社会工作理论与实务［M］．北京：北京大学出版社，2013．

［21］郑建瑜．大型活动策划与管理［M］．重庆：重庆大学出版社，2007．

［22］朱迪·艾伦．活动策划安全手册［M］．北京：旅游教育出版社，2006．

［23］朱迪·艾伦．活动策划全攻略［M］．北京：旅游教育出版社，2010．